**Treino de funções
executivas
e aprendizado**

EDITORES DA SÉRIE
Cristiana Castanho de Almeida Rocca
Telma Pantano
Antonio de Pádua Serafim

Treino de funções executivas e aprendizado

AUTORAS
Ana Paula Pissarra Marques
Alison Vanessa Morroni Amaral
Telma Pantano

Copyright © Editora Manole Ltda., 2022, por meio de contrato com os editores e as autoras.

A edição desta obra foi financiada com recursos da Editora Manole Ltda., um projeto de iniciativa da Fundação Faculdade de Medicina em conjunto e com a anuência da Faculdade de Medicina da Universidade de São Paulo – FMUSP.

Logotipos   *Copyright* © Faculdade de Medicina da Universidade de São Paulo
Copyright © Hospital das Clínicas – FMUSP
Copyright © Instituto de Psiquiatria

Editora: Juliana Waku
Projeto gráfico: Departamento Editorial da Editora Manole
Capa: Ricardo Yoshiaki Nitta Rodrigues
Ilustrações: Isabel Cardoso, Freepik, iStockphoto

CIP-BRASIL. CATALOGAÇÃO NA PUBLICAÇÃO
SINDICATO NACIONAL DOS EDITORES DE LIVROS, RJ

M315t
2. ed.

Marques, Ana Paula Pissarra
Treino de funções executivas e aprendizado / Ana Paula Pissarra Marques, Alison Vanessa Morroni Amaral, Telma Pantano. - 2. ed., ampl. e atual. - Santana de Parnaíba [SP] : Manole, 2022.
; 22 cm. (Psicologia e neurociências)

Inclui bibliografia e índice
ISBN 978-65-5576-811-4

1. Psicologia educacional. 2. Distúrbios da aprendizagem. 3. Crianças - escrita. 4. Adolescentes - escrita. I. Amaral, Alison Vanessa Morroni. II. Pantano, Telma. III. Tíulo. IV. Série.

| 22-76327 | CDD: 370.15 |
| | CDU: 37.013.77 |

Gabriela Faray Ferreira Lopes - Bibliotecária - CRB-7/6643

Todos os direitos reservados.
Nenhuma parte deste livro poderá ser reproduzida, por qualquer processo, sem a permissão expressa dos editores. É proibida a reprodução por fotocópia. A Editora Manole é filiada à ABDR – Associação Brasileira de Direitos Reprográficos.

1ª edição – 2022; 2a edição – 2022; reimpressão da 2a edição – 2023

Editora Manole Ltda.
Alameda América, 876
Tamboré – Santana de Parnaíba – SP – Brasil
CEP: 06543-315
Fone: (11) 4196-6000
www.manole.com.br | https://atendimento.manole.com.br/

Impresso no Brasil
Printed in Brazil

EDITORES DA
SÉRIE *PSICOLOGIA E NEUROCIÊNCIAS*

Cristiana Castanho de Almeida Rocca

Psicóloga Supervisora do Serviço de Psicologia e Neuropsicologia, e em atuação no Hospital Dia Infantil do Instituto de Psiquiatria do Hospital das Clínicas da Faculdade de Medicina da Universidade de São Paulo (IPq-HCFMUSP). Mestre e Doutora em Ciências pela FMUSP. Professora Colaboradora na FMUSP e Professora nos cursos de Neuropsicologia do IPq-HCFMUSP.

Telma Pantano

Fonoaudióloga e Psicopedagoga do Serviço de Psiquiatria Infantil do Hospital das Clínicas da Faculdade de Medicina da Universidade de São Paulo (HCFMUSP). Vice-coordenadora do Hospital Dia Infantil do Instituto de Psiquiatria do HCFMUSP e especialista em Linguagem. Mestre e Doutora em Ciências e Pós-doutora em Psiquiatria pela FMUSP. Master em Neurociências pela Universidade de Barcelona, Espanha. Professora e Coordenadora dos cursos de Neurociências e Neuroeducação pelo Centro de Estudos em Fonoaudiologia Clínica.

Antonio de Pádua Serafim

Professor do Departamento de Psicologia da Aprendizagem, do Desenvolvimento e da Personalidade e Professor do Programa de Neurociências e Comportamento no Instituto de Psicologia da Universidade de São Paulo (IPUSP). Coordenador do Laboratório de Estudos e Pesquisas em Avaliação Psicológica e Neuropsicológica (LEANPSI) do IPUSP. Professor Supervisor no Núcleo Forense do Instituto de Psiquiatria do Hospital das Clínicas da Faculdade de Medicina da Universidade de São Paulo (IPq-HCFMUSP) entre 2014 e 2022.

AUTORAS

Ana Paula Pissarra Marques

Psicóloga, Especialista em Neuropsicologia pela Universidade Federal de São Paulo (Unifesp). Especialista em Neuropsicologia e Neurociências (CEPSIC--HCFMUSP). Estagiária do Instituto de Psiquiatria do Hospital das Clínicas da Faculdade de Medicina da Universidade de São Paulo (IPq-HCFMUSP) em Neuropsicologia em 2015, com ênfase na avaliação, reabilitação neuropsicológica e psicopatológica. Formação em terapia junguiana, hipnoterapia e técnicas de *mindfulness*. Colaboradora e pesquisadora no Hospital Dia Infantil (HDI) do IPq-HCFMUSP, no grupo de estimulação das funções executivas.

Alison Vanessa Morroni Amaral

Pedagoga pela Universidade do Norte do Paraná (UNOPAR). Especialista em Psicopedagogia pela Faculdade Anhanguera, em Alfabetização e Letramento pelo Instituto Superior de Educação da América Latina (ISAL) e em Neuroeducação pela Universidade Mozarteum (FAMOSP) e Centro de Estudos em Fonoaudiologia (CEFAC). Especialização Multidisciplinar em Psiquiatria Infantil e Adolescência. Formação em Saúde Mental pelo Hospital das Clínicas da Faculdade de Medicina da Universidade de São Paulo (HCFMUSP). Especialização Intervenção em ABA para Autismo e Deficiência Intelectual (CBI of Miami). Colaboradora e pesquisadora do Hospital Dia Infantil do Instituto de Psiquiatria do HCFMUSP (IPq-HCFMUSP) nos grupos de estimulação no Treino de Funções Executivas e Aprendizagem, Habilidades Socioemocionais a partir de Histórias Infantis e Habilidades Matemáticas e autora dos manuais *Treino de matemática para crianças e adolescentes com transtorno do espectro autista*, *Treino de habilidades matemáticas para crianças e adolescentes* e *Estratégias de manejo e intervenções em sala de aula*.

Telma Pantano

Fonoaudióloga e Psicopedagoga do Serviço de Psiquiatria Infantil do Hospital das Clínicas da Faculdade de Medicina da Universidade de São Paulo (HCFMUSP). Vice-coordenadora do Hospital Dia Infantil do Instituto de Psiquiatria do HCFMUSP e especialista em Linguagem. Mestre e Doutora em Ciências e Pós-doutora em Psiquiatria pela FMUSP. Master em Neurociências pela Universidade de Barcelona, Espanha. Professora e Coordenadora dos cursos de Neurociências e Neuroeducação pelo Centro de Estudos em Fonoaudiologia Clínica.

DEDICATÓRIA

Dedicamos este manual aos profissionais, aos pais, às crianças e aos adolescentes que estiveram envolvidos no desenvolvimento da pesquisa para a realização deste projeto.

Às nossas famílias, que de alguma forma nos ajudaram para que fosse possível a realização deste sonho.

SUMÁRIO

Apresentação da Série Psicologia e Neurociências...................................XIII

MÓDULO I – CRIANÇAS 1
    Introdução 3
    Finalidade do programa 5
    Funções executivas e seu desenvolvimento 7
    Funções executivas e transtornos do desenvolvimento 9
    Memória operacional.. 11
    Controle inibitório e automonitoramento 13
    Metacognição 14
    Mapas mentais 15
    Estrutura e desenvolvimento do programa...................................... 17
    Como utilizar o material 18
    Lista de materiais anexos... 19
    Como organizar-se na sessão.. 20
    Sessão 1 23
    Sessão 2 26
    Sessão 3 31
    Sessão 4 35
    Sessão 5 39
    Sessão 6 43
    Sessão 7 47
    Sessão 8 51
    Sessão 9 55

Sessão 10 58
Sessão 11 62
Sessão 12 67
Referências bibliográficas 71

MÓDULO II – ADOLESCENTES 73

Introdução 74
Finalidade do programa 76
Funções executivas e seu desenvolvimento 78
Funções executivas e transtornos do desenvolvimento 81
Metacognição 83
Memória operacional 84
Automonitoramento, controle inibitório e autorregulação 86
Mapas mentais 87
Estrutura e utilização do programa 88
Como utilizar o material 89
Como organizar-se na sessão 90
Lista de materiais anexos 91
Sessão 1 92
Sessão 2 96
Sessão 3 102
Sessão 4 107
Sessão 5 110
Sessão 6 113
Sessão 7 117
Sessão 8 121
Sessão 9 124
Sessão 10 128
Sessão 11 132
Sessão 12 135
Referências bibliográficas 139

Índice remissivo 141
Slides – crianças 145
Slides – adolescentes 219

APRESENTAÇÃO DA
SÉRIE *PSICOLOGIA E NEUROCIÊNCIAS*

O processo do ciclo vital humano se caracteriza por um período significativo de aquisições e desenvolvimento de habilidades e competências, com maior destaque para a fase da infância e adolescência. Na fase adulta, a aquisição de habilidades continua, mas em menor intensidade, figurando mais a manutenção daquilo que foi aprendido. Em um terceiro estágio, vem o cenário do envelhecimento, que é marcado principalmente pelo declínio de várias habilidades. Este breve relato das etapas do ciclo vital, de maneira geral, contempla o que se define como um processo do desenvolvimento humano normal, ou seja, adquirimos capacidades, estas são mantidas por um tempo e declinam em outro.

No entanto, quando nos voltamos ao contexto dos transtornos mentais, é preciso considerar que tanto os sintomas como as dificuldades cognitivas configuram-se por impactos significativos na vida prática da pessoa portadora de um determinado quadro, bem como de sua família. Dados da Organização Mundial da Saúde (OMS) destacam que a maioria dos programas de desenvolvimento e da luta contra a pobreza não atinge as pessoas com transtornos mentais. Por exemplo, 75 a 85% dessa população não têm acesso a qualquer forma de tratamento da saúde mental. Deficiências mentais e psicológicas estão associadas a taxas de desemprego elevadas a patamares de 90%. Além disso, essas pessoas não têm acesso a oportunidades educacionais e profissionais para atender ao seu pleno potencial.

Os transtornos mentais representam uma das principais causas de incapacidade no mundo. Três das dez principais causas de incapacidade em pessoas entre as idades de 15 e 44 anos são decorrentes de transtornos mentais, e as outras causas são muitas vezes associadas com estes transtornos. Estudos tanto prospectivos quanto retrospectivos enfatizam que de maneira geral os transtornos mentais começam na infância e adolescência e se estendem à idade adulta.

Tem-se ainda que os problemas relativos à saúde mental são responsáveis por altas taxas de mortalidade e incapacidade, tendo participação em cerca de 8,8 a 16,6% do total da carga de doença em decorrência das condições de saúde em países de baixa e média renda, respectivamente. Podemos citar como exemplo a ocorrência da depressão, com projeções de ser a segunda maior causa de incidência de doenças em países de renda média e a terceira maior em países de baixa renda até 2030, segundo a OMS.

Entre os problemas prioritários de saúde mental, além da depressão estão a psicose, o suicídio, a epilepsia, as síndromes demenciais, os problemas decorrentes do uso de álcool e drogas e os transtornos mentais na infância e adolescência. Nos casos de crianças com quadros psiquiátricos, estas tendem a enfrentar dificuldades importantes no ambiente familiar e escolar, além de problemas psicossociais, o que por vezes se estende à vida adulta.

Considerando tanto os declínios próprios do desenvolvimento normal quanto os prejuízos decorrentes dos transtornos mentais, torna-se necessária a criação de programas de intervenções que possam minimizar o impacto dessas condições. No escopo das ações, estas devem contemplar programas voltados para os treinos cognitivos, habilidades socioemocionais e comportamentais.

Com base nesta argumentação, o Serviço de Psicologia e Neuropsicologia do Instituto de Psiquiatria do Hospital das Clínicas da Faculdade de Medicina da Universidade de São Paulo, em parceria com a Editora Manole, apresenta a série Psicologia e Neurociências, tendo como população-alvo crianças, adolescentes, adultos e idosos.

O objetivo desta série é apresentar um conjunto de ações interventivas voltadas para pessoas portadoras de quadros neuropsiquiátricos com ênfase nas áreas da cognição, socioemocional e comportamental, além de orientar pais e professores.

O desenvolvimento dos manuais da Série foi pautado na prática clínica em instituição de atenção a portadores de transtornos mentais por equipe multidisciplinar. O eixo temporal das sessões foi estruturado para 12 encontros, os quais poderão ser estendidos de acordo com a necessidade e a identificação do profissional que conduzirá o trabalho.

Destaca-se que a efetividade do trabalho de cada manual está diretamente associada à capacidade de manejo e conhecimento teórico do profissional em relação à temática a qual o manual se aplica. O objetivo não representa a ideia de remissão total das dificuldades, mas sim da possibilidade de que o paciente e seu familiar reconheçam as dificuldades peculiares de cada quadro e possam desenvolver estratégias para uma melhor adequação à sua realidade. Além disso, ressaltamos que os diferentes manuais podem ser utilizados em combinação.

CONTEÚDO COMPLEMENTAR

Os *slides* coloridos (pranchas) e as fichas de instrução em formato PDF para uso nas sessões de atendimento estão disponíveis em uma plataforma digital exclusiva:

https://conteudo-manole.com.br/cadastro/funcoes-executivas-aprendizado-2aedicao

Para ingressar no ambiente virtual, utilize o QR code abaixo, digite a senha/*voucher* **atividades** e faça seu cadastro.

O acesso a esse material limita-se à vigência desta edição.

Durante o processo de edição desta obra, foram tomados todos os cuidados para assegurar a publicação de informações técnicas, precisas e atualizadas conforme lei, normas e regras de órgãos de classe aplicáveis à matéria, incluindo códigos de ética, bem como sobre práticas geralmente aceitas pela comunidade acadêmica e/ou técnica, segundo a experiência do autor da obra, pesquisa científica e dados existentes até a data da publicação. As linhas de pesquisa ou de argumentação do autor, assim como suas opiniões, não são necessariamente as da Editora, de modo que esta não pode ser responsabilizada por quaisquer erros ou omissões desta obra que sirvam de apoio à prática profissional do leitor.

Do mesmo modo, foram empregados todos os esforços para garantir a proteção dos direitos de autor envolvidos na obra, inclusive quanto às obras de terceiros e imagens e ilustrações aqui reproduzidas. Caso algum autor se sinta prejudicado, favor entrar em contato com a Editora.

Finalmente, cabe orientar o leitor que a citação de passagens da obra com o objetivo de debate ou exemplificação ou ainda a reprodução de pequenos trechos da obra para uso privado, sem intuito comercial e desde que não prejudique a normal exploração da obra, são, por um lado, permitidas pela Lei de Direitos Autorais, art. 46, incisos II e III. Por outro, a mesma Lei de Direitos Autorais, no art. 29, incisos I, VI e VII, proíbe a reprodução parcial ou integral desta obra, sem prévia autorização, para uso coletivo, bem como o compartilhamento indiscriminado de cópias não autorizadas, inclusive em grupos de grande audiência em redes sociais e aplicativos de mensagens instantâneas. Essa prática prejudica a normal exploração da obra pelo seu autor, ameaçando a edição técnica e universitária de livros científicos e didáticos e a produção de novas obras de qualquer autor.

CRIANÇAS

MÓDULO

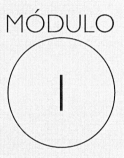

I

INTRODUÇÃO

A aprendizagem escolar tornou-se um grande desafio nos dias de hoje, pelas exigências abarcadas e pelo fato de a criança ter uma gama de atividades que demandam organização e manejo do tempo. Dessa forma, necessitam de recursos neurocognitivos, emocionais e comportamentais, suficientes para que possam administrar e ampliar o seu desempenho acadêmico, facilitando assim a aprendizagem.

Atualmente, verifica-se certa dificuldade por parte das crianças em se organizar com suas tarefas escolares e estudo, principalmente por muitas vezes os pais não conseguirem oferecer o suporte necessário para essa organização, como também pelos estímulos da tecnologia, que comprometem o foco das crianças para maior esforço cognitivo e autonomia.

Sendo assim, é essencial um esquema estratégico de estudos envolvendo o ambiente, sua rotina, utilizando calendários mensais e diários e manejo do tempo, visando a facilitar o processo escolar e possibilitar à criança uma organização cognitiva que permita abarcar um maior número de informações suficientes para sua aprendizagem

Pensando nisso, neste segmento, após aprenderem a organização básica de materiais e rotina diária que envolve automonitoramento e planejamento, outros domínios são desenvolvidos referentes às funções executivas, que incluem a memória de trabalho, abstração, controle inibitório, flexibilidade cognitiva, categorização, sequenciamento, atenção e autorregulação, além de estruturas da linguagem.

Esses componentes elencados são fundamentais para o desenvolvimento funcional e cognitivo da criança, ampliando a possibilidade de tornarem-se mais autônomas, com esquemas práticos de organização e estudo, que facilitem o seu dia a dia.

Quanto mais elas aprendem a flexibilizar mentalmente, buscando alternativas para um problema específico, ampliando a capacidade criativa e estratégica de possibilidades, autorregulando-se emocionalmente, controlando o seu comportamento diante de possível frustração sem desistir do seu desafio, maior o sucesso escolar e de aprendizagem.

FINALIDADE DO PROGRAMA

No aspecto geral, este programa tem o intuito de fornecer às crianças entre 6 e 10 anos, que apresentam transtornos ou dificuldade de aprendizagem, assim como crianças sem transtorno, instrumentos e estratégias para que possam conquistar maior autonomia, consciência e domínio no que se refere à rotina diária escolar, desenvolvendo métodos eficazes para memorização do conteúdo, ampliando a linguagem, assim como melhorando a produção verbal e a compreensão textual.

Todas as atividades foram embasadas respeitando-se o desenvolvimento do cérebro da criança, não extrapolando o seu entendimento, o que acarreta em possíveis insucessos e consequentemente desmotivando-a a prosseguir.

Atualmente, este seria um dos maiores problemas nos currículos escolares, visto que muitos não respeitam o neurodesenvolvimento infantil, exigindo muitas vezes uma aprendizagem que não condiz com sua capacidade e entendimento.

O objetivo principal refere-se a estimulá-las positivamente, para que tenham consciência da importância de cada evento oferecido, desde a organização dos seus materiais, facilitando o seu dia a dia, principalmente em relação ao tempo, além de colaborar para definir claramente um objetivo, ajudando o próprio cérebro a focar adequadamente na tarefa em questão.

Tendo essa organização inicial, o próximo passo é que aprendam a definir estratégias para conquistar o objetivo, utilizando maior flexibilidade mental, o que também vai colaborar na elaboração de suas tarefas diárias com melhores resultados de forma rápida e eficaz.

Além disso, terão uma base na utilização dos mapas conceituais ou mapas mentais, que são uma ferramenta importante para organizar e estruturar melhor um pensamento, uma ideia. Pode ser utilizado no momento do estudo, como também na formulação de um resumo.

No decorrer deste trabalho, as propostas foram elaboradas no sentido de a criança estar o tempo todo se automonitorando em suas atividades, já sabendo o que vai ser feito inicialmente, qual o objetivo, fazendo com que tenham clareza e maior entendimento do processo de cada sessão, com isso, trabalhando a metacognição.

Na finalização de todas as tarefas, será discutido o que foi realizado, encerrando a atividade de maneira que a criança se aproprie do que foi feito, evitando, com isso, que não seja mais uma tarefa que ela tenha que cumprir de maneira obrigatória, totalmente inconsciente do objetivo em pauta e do que está envolvido.

Dessa forma, analisando e avaliando ações previamente pensadas, é possível rever decisões e alterá-las em busca do melhor resultado para seus esforços, tornando-os mais eficientes.

A maior preocupação neste programa envolveu principalmente o interesse das crianças nas atividades, de forma que fossem tanto atrativas visualmente quanto divertidas, motivando-as continuamente, em busca de melhores resultados, referentes à aprendizagem.

O leitor e usuário deste manual pode se perguntar: será possível trabalhar tantos domínios em apenas doze sessões? A resposta é simples: é possível, pois quando se fala em funções executivas, estas envolvem uma gama de domínios que podem ser trabalhados conjuntamente, obtendo um resultado eficaz.

E com o intuito em se ampliar tantos domínios, as doze sessões sugeridas inicialmente podem ser duplicadas, sendo que o condutor tem a opção em retomar o trabalho a partir da segunda sessão, reaplicando todas as provas, mesmo que as crianças já conheçam o material.

A repetição sistemática é importante nesta fase do desenvolvimento da criança para a construção do pensamento e a ampliação das funções como um todo.

FUNÇÕES EXECUTIVAS E SEU DESENVOLVIMENTO

As *funções executivas* correspondem a um conjunto de habilidades que, de forma integrada, permitem ao indivíduo direcionar comportamentos a metas, avaliar a eficiência e a adequação desses comportamentos, abandonar estratégias ineficazes em prol de outras mais eficientes e, desse modo, resolver problemas imediatos de médio e de longo prazo. Essas funções são requisitadas sempre que se formulam planos de ação e que uma sequência apropriada de respostas deve ser selecionada e esquematizada[1].

Para que haja sucesso em sua empreitada, deve-se definir um objetivo, estipulando metas específicas para alcançá-lo de forma organizada e eficaz, com planejamento adequado. Com isso, deve-se automonitorar o seu planejamento executado, de forma a identificar o que está dando certo, descartando ou encontrando outras estratégias para o que não está dentro do esperado, sem perder o foco do seu objetivo.

Conforme salientado por Barkley[2], o desenvolvimento das funções executivas é um importante marco adaptativo na espécie humana, relacionando-se a alguns componentes universais de sua natureza, como o altruísmo recíproco, a formação de coalizões, a capacidade de imitar e aprender com a observação do comportamento alheio, o uso de ferramentas, as habilidades comunicativas e a capacidade de lidar com grupos, resguardando-se de suas influências e manipulações.

Segundo Romine e Reynolds[3], as funções executivas desenvolvem-se com intensidade entre 6 e 8 anos de idade, o que continua até o final da adolescência e o início da idade adulta.

Johnson[4] sugere que as funções executivas, embora não especifiquem síndromes neuropsiquiátricas, são fundamentais para determinar o risco de aparecimento de vários transtornos infantis.

Em sua estrutura neurobiológica, as funções executivas são mediadas pelo córtex pré-frontal, sendo a base neural, entretanto tais regiões neurais fazem parte de complexos circuitos que envolvem outras regiões encefálicas incluindo estruturas subcorticais como os núcleos da base e o tálamo, bem como o cerebelo.

Diferentes circuitos frontoestriatais parecem estar relacionados a modalidades específicas das funções executivas, para as quais Brandshaw sugere a existência de cinco circuitos frontossubcorticais, sendo eles o circuito motor, o oculomotor, o dorsolateral, o orbitofrontal e o do cíngulo anterior.

Existem três funções executivas nucleares, sendo a memória operacional, o controle inibitório e a flexibilidade cognitiva, que atuariam como base para o desempenho de funções executivas mais complexas, como solução de problemas, planejamento e raciocínio abstrato[5].

Garon, Bryson e Smith[6] sugerem que os componentes das funções executivas surgem em sequência ao longo dos anos escolares, de forma que a memória operacional aparece primeiro, seguida da capacidade de inibição, as quais, juntas, permitem o desenvolvimento da flexibilidade cognitiva.

O desenvolvimento das funções executivas é de extrema importância para a adaptação social, ocupacional e mesmo para a saúde mental em etapas posteriores da vida[7].

FUNÇÕES EXECUTIVAS E TRANSTORNOS DO DESENVOLVIMENTO

Grande parte do interesse no desenvolvimento inicial das funções executivas deve-se aos achados de diversas pesquisas que mostram que vários transtornos com início na infância (p. ex., autismo e transtorno de oposição desafiante) são caracterizados por déficits em diferentes componentes das funções executivas[4].

Dessa forma, a identificação de déficits executivos ainda na idade pré-escolar é útil para a estruturação de programas de intervenção dessas funções[8].

Quando se fala de transtornos, estes ocorrem devido a pequenas falhas no desenvolvimento psicológico, social ou cognitivo, prejudicando a capacidade adaptativa da criança. Podem acontecer por questões biológicas, genéticas, psicológicas, sociais e ambientais.

Há evidências de que crianças com as funções executivas pouco estimuladas apresentam dificuldades para prestar atenção à aula, completar trabalhos e inibir comportamentos impulsivos. É difícil para tais crianças atender às demandas escolares, o que por sua vez, pode provocar demasiada frustração e angústia aos professores, agravando ainda mais a tendência ao afastamento da criança em relação à escola, reforçando uma autopercepção negativa como estudante[9].

Nesse sentido, é importante que o educador procure estimular o interesse da aprendizagem, sugerindo possibilidades ou alternativas diante de suas dificuldades, o que colabora para diminuir a ansiedade e a rejeição ao exposto.

Muitas vezes os pais ou cuidadores diretos não conseguem ajudar a criança. Eles buscam várias alternativas para corrigir ou alterar esse comportamento, geralmente sem sucesso, pois essas crianças necessitam de um trabalho diferenciado, individualizado, com capacidade de manejo, sendo necessária geralmente a ajuda de profissionais da área da saúde.

Dependendo do caso, é preciso uma equipe multidisciplinar para auxiliar no desenvolvimento mais eficaz dessa criança. O prejuízo pode envolver aprendizagem e defasagem acadêmica, principalmente pela dificuldade em se manter atenta às demandas ambientais, assim como por exibir menor nível de tolerância, frustrando-se facilmente.

MEMÓRIA OPERACIONAL

A *memória operacional* refere-se à habilidade de sustentar a informação em mente por tempo limitado, enquanto a utiliza para solução de algum problema, atualiza informações necessárias a uma atividade ou realiza outra tarefa. Permite, ainda, a manipulação mental da informação, possibilitando ao indivíduo relacionar ideias, integrar informações presentes, compreensão da linguagem com outras armazenadas na memória de longo prazo, lembrar sequências ou ordens de acontecimentos, projetar sequências de ações no futuro, entre outras[5,10].

O modelo de memória operacional[11] proporcionou uma nova perspectiva ao armazenamento/gerenciamento temporário de informações. Dessa forma, a concepção da memória operacional única e singular cede lugar à noção de um sistema constituído por vários componentes.

Nesse modelo, a memória operacional é definida como um sistema de capacidade limitada que permite o armazenamento temporário e a manipulação de informações necessárias em tarefas complexas – como a aprendizagem, a compreensão da linguagem, o raciocínio e a produção da própria consciência. Em seu modelo[11], a memória operacional era considerada um sistema formado por três componentes: o executivo central, que atuaria como controlador atencional e regulador dos processos cognitivos, e dois subsistemas auxiliares, especializados no processamento e na manipulação de quantidades limitadas de informações específicas – a alça fonológica e o esboço visuoespacial.

Em 2000, Baddeley[10] ampliou o modelo, acrescentando um quarto componente: o retentor episódico, responsável pela integração das informações mantidas temporariamente na memória operacional com aquelas provenientes dos sistemas de longo prazo, em uma representação episódica única. Entretanto, é o executivo central que oferece um arcabouço conceitual para descrever os processos executivos de gerenciamento informacional.

Há muitas evidências de que diversos componentes das funções executivas estão relacionados ao desempenho escolar, entretanto existe uma gama de estudos destacando a memória operacional. Ela é uma medida relativamente pura do potencial de aprendizagem e da capacidade de aprender da criança[12].

A memória operacional é essencial na aquisição das habilidades de leitura e escrita, segundo revisão de Oliveira et al.[13], primordial ao aprendizado, sendo, dentre as funções cognitivas, uma das mais examinadas na avaliação da aprendizagem.

A aprendizagem é reduzida ou mais lenta quando a capacidade de memória operacional está comprometida, acarretando sobrecarga de informações. Crianças com limitada habilidade de memória operacional frequentemente não acertam as etapas em tarefas complexas, por não serem capazes de manter um bom automonitoramento, assim como se perdem nas informações sequenciais e procedimentos, o que as leva frequentemente a abandonar as tarefas antes de completá-las. Geralmente necessitam da repetição da informação para adquirirem maior número de itens a serem armazenados.

CONTROLE INIBITÓRIO E AUTOMONITORAMENTO

A inibição ou o *controle inibitório* é a habilidade para inibir ou controlar respostas impulsivas (ou automáticas), inibir respostas prepotentes ou respostas a estímulos distratores que interrompam o curso eficaz de uma ação, ou ainda, a interrupção de respostas que estejam em curso.

Crianças impulsivas exibem maior dificuldade de aprendizagem, pelo fato de não conseguirem bloquear comportamentos inapropriados, sendo mais suscetíveis às demandas ambientais, diminuindo ou perdendo o foco, o que interfere na sequência ou persistência de um objetivo.

O *automonitoramento* é o comportamento com propósito que alude a atividades programadas, sobretudo consoantes ao objetivo almejado. Funções como a capacidade em iniciar a atividade e mantê-la, alterar seu curso (flexibilidade) ou mesmo interromper sequências de comportamento (inibição de respostas) são fundamentais para a conversão de uma intenção ou um plano em uma atividade produtiva.

Crianças com boa capacidade de autocontrole são capazes de analisar as exigências da tarefa e escolher os recursos necessários para solucioná-la, incluindo pedir ajuda a outros indivíduos, se necessário, de forma a alcançar seu objetivo.

METACOGNIÇÃO

A *metacognição* refere-se ao conhecimento, em refletir sobre o que se aprende, permitindo desenvolver a crítica e a elaboração de novas estratégias para maximizar e qualificar a aprendizagem.

Ao refletir sobre o próprio pensar e fazer, analisando e avaliando ações previamente pensadas e realizadas, é possível rever decisões e alterá-las em busca do melhor resultado para os esforços. Essa reflexão sobre as próprias ações, que leva ao conhecimento dos processos cognitivos, é possivelmente a habilidade de controlá-los e torná-los mais eficientes.

Analisar diferentes estratégias para enfrentar situações problema, planejar e conduzir investigações, comunicar resultados ou fazer outras coisas ajuda a perceber a maneira adequada de realizar determinada tarefa. Com isso, caminha-se em direção a melhores resultados de próprias ações.

Existem vários programas responsáveis pelo desenvolvimento das funções executivas em crianças na idade escolar. Meltzer[14] concluiu que ensinar o uso de estratégias para organização, priorização, manejo de tempo, planejamento, controle do comportamento, entre outros, tem impacto importante sobre o desempenho escolar e, além disso, sobre a autopercepção de competência dos estudantes envolvendo principalmente a metacognição.

MAPAS MENTAIS

Um *mapa mental* é um esquema elaborado para representar ideias, tarefas ou outros conceitos que se encontram relacionados com uma palavra-chave ou uma ideia central.

É uma ferramenta para organizar o pensamento, sendo a forma mais fácil e eficaz de introduzir e extrair informações do cérebro, pelo fato de conter elementos verbais e visuais.

A técnica desse tipo de mapa foi desenvolvida pelo britânico Tony Buzan[15], concluindo que, ao utilizar um mapa mental, produz-se uma ligação entre os hemisférios cerebrais, facilitando a fixação da informação.

Eles podem ser criados de várias formas, sendo colocada a ideia principal no meio e outras palavras-chave em seu entorno, e a partir do momento que se olha para o mapa, consegue-se identificar a informação a ser recordada.

Podem ser em formato de árvore ou aranha, utilizando palavras, símbolos, cores e desenhos.

Para a construção de um mapa mental, segundo Tony Buzan, é necessário respeitar a hierarquia das informações para que faça sentido no momento da leitura do mapa. Segue um esquema de regras do mapa mental.

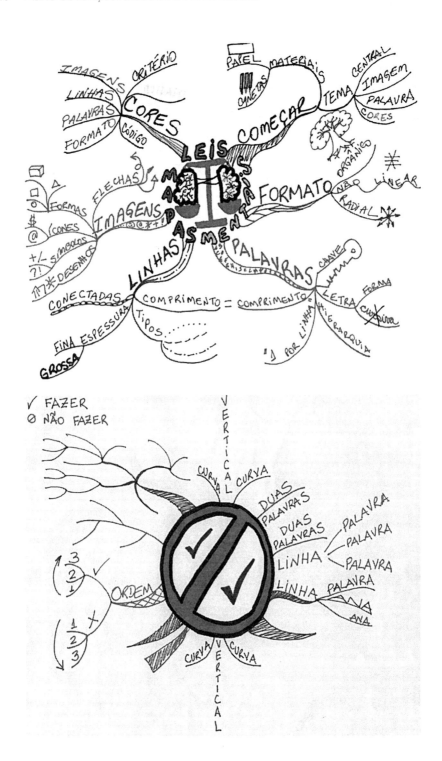

ESTRUTURA E DESENVOLVIMENTO DO PROGRAMA

Este programa é composto de doze sessões, distribuídas para serem efetuadas uma vez por semana com crianças de 6 a 10 anos. Sugere-se que seja utilizado individualmente ou em grupo de até quatro crianças, para um trabalho eficaz.

Não há restrição quanto à idade para a construção do grupo, entretanto, definir grupos com crianças de idades próximas seria mais adequado.

Elas precisam conhecer o alfabeto, não sendo necessário estarem totalmente alfabetizadas.

As tarefas são distribuídas em dinâmicas variadas, nas quais as crianças serão conduzidas em um primeiro momento a aprenderem como devem organizar o material escolar, sua rotina diária, para que depois sejam desenvolvidas as atividades propostas.

Caso sejam inseridos novos membros durante o processo, deve ser realizada a primeira sessão com os pais e a criança separadamente, para depois a criança começar com o grupo já em andamento

COMO UTILIZAR O MATERIAL

- ✓ Para facilitar o manuseio do material, foram desenvolvidas fichas de instrução de cada sessão (disponíveis para *download*).
- ✓ As placas de controle do ambiente (Atenção) devem ser encaixadas no palito, cada vez que o material for utilizado, sendo que, após o término, pode ser desmontado para guardar.
- ✓ Os *slides* coloridos (pranchas) e as fichas de instrução em formato PDF para uso nas sessões de atendimento estão disponíveis em uma plataforma digital exclusiva:

https://conteudo-manole.com.br/cadastro/funcoes-executivas-aprendizado-2aedicao

- ✓ Para ingressar no ambiente virtual, utilize o QR code abaixo, digite a senha/voucher **atividades** e faça seu cadastro.

- ✓ O acesso a esse material limita-se à vigência desta edição.

LISTA DE MATERIAIS ANEXOS

- 7 placas autorreguladoras: ideia, silêncio, compartilhar, fala, ajudar o amigo, ouvir, reforço positivo
- 1 calendário, rotina, bloco de notas
- 10 pranchas destacadas de estudo e ficha de registro
- 1 jogo das letras
- 1 jogo das palavras coloridas
- 1 jogo das semelhanças
- 4 folhas de liga pontos
- 1 jogo das ideias
- 4 histórias em tirinhas
- 4 histórias em frases
- 4 imagens da história para jogo de sete erros
- 20 botões coloridos
- 1 jogo de palavras avulsas
- 1 jogo das sílabas malucas
- 1 cartão com palavras de rimas
- 1 cartão de frases invertidas
- 4 histórias ocultas
- 3 mapas mentais
- 1 jogo de letras avulsas
- 1 tabuleiro de palavras cruzadas
- 1 jogo da mala
- 4 histórias de fábulas
- 4 folhas de caça-palavras
- 1 cartão com frases absurdas
- 2 tabuleiros de animais
- 1 *kit* de animais
- 1 *kit* de estímulo colorido
- 1 *kit* baralho das emoções

COMO ORGANIZAR-SE NA SESSÃO

✓ O profissional responsável deve deixar as fichas de cada criança disponíveis na mesa para fazer as anotações necessárias.
✓ Devem ser disponibilizadas folhas em branco que serão utilizadas em várias sessões.
✓ As fichas de instrução devem ficar em ordem por sessão.
✓ As placas autorreguladoras devem ser utilizadas em todas as sessões, para maior controle das crianças, tornando o evento produtivo e dinâmico.

"São imagens divertidas, simbólicas, com as quais a criança vai se autorregulando em sua conduta e comportamento, fazendo com que fique mais atenta em suas atitudes."

✓ Placas autorreguladoras:

Placa	Para que serve e quando utilizar
 Ideia	Para estimular a criatividade. Utilizar no momento em que é solicitado que criem, imaginem, explorem, abstraiam
 Silêncio	Quando o grupo está mais disperso, falante
 Compartilhar	Momento de troca, quando o grupo realiza tarefas conjuntamente
 Falar	Momento em que podem compartilhar ideias, estimulando a comunicação
 Ajudar o amigo	Liberar para que o grupo possa ajudar o amigo com dificuldade, sendo o momento da colaboração

(continua)

Placa	Para que serve e quando utilizar
 Ouvir	Evitar que conversem neste momento; estar atentos ao que está sendo explicado, estimulando o foco atencional
 Reforço positivo	Quando necessário receber um elogio, uma crítica positiva para prosseguir

SESSÃO 1

Organização do material, local de estudo e rotina escolar

Material: calendários, placas autorreguladoras e pranchas de estudo (imagens de crianças estudando).
O que estamos trabalhando: planejamento, organização e automonitoramento.

- A primeira sessão inicia-se com as crianças e os pais, que devem trazer seus materiais escolares para determinar estratégias de organização dos materiais e da agenda de estudo.
- Caso o grupo já esteja em andamento e tenha um novo membro, este deve fazer a primeira sessão separadamente com o profissional, para depois entrar no grupo na sessão equivalente.

👤 Apresentação

(Apresentar-se primeiro)

- Vou fazer perguntas às crianças e vocês, pais, não podem ajudar. Vamos deixá-los responder. Vou pedir para cada um falar o seu nome, idade, em qual escola estuda, o período e a série. (Caso a criança não consiga, solicitar ajuda dos pais.)
- Nós vamos ter 12 encontros, com atividades diferentes, sendo que os pais só vão participar desta primeira, e as demais só estarão vocês. Assim, é muito importante que vocês possam explicar aos seus pais o que fizemos e o que foi aprendido em cada sessão.

- Em todo o percurso de nosso trabalho, vou utilizar placas indicativas, como se fossem semáforos para carros. Vocês sabem para que funciona um semáforo? O verde, o amarelo e o vermelho? Então, o mesmo será feito aqui, mas de forma diferente. (Apresentar cada placa e falar para que servem.)
- Para começarmos nosso trabalho, vamos ter que iniciar organizando nossos principais materiais que são utilizados na escola. Quem sabe o que significa organizar? Quem acha que é organizado, quem acha que não é? Por quê? Como podem melhorar?
  - ▸ Questionar as crianças sobre o material escolar e por que deve ser completo e organizado. Complementar suas observações, explicando para os pais e as crianças a sua importância.

📋 Instrução

- Vou pedir para que vocês distribuam os materiais escolares na mesa e observem. Isso envolve estojo, caderno, agenda, mochila. Nesses materiais vocês têm tudo de que precisam? O que acham que está faltando? Como podem organizar-se melhor? Vamos conversar a respeito.
- Agora vou mostrar a vocês figuras contendo crianças estudando de várias maneiras e devem me mostrar qual combina melhor com sua realidade atual no momento em que estão estudando. (Deve ser anotada na folha de registros da criança qual a prancha escolhida, que já é um dado importante, mostrando um pouco de seus hábitos.)
  - ▸ Questionar a respeito, explorar, anotar tudo o que falam, identificando principalmente: espaço físico (local onde estudam); ambiente (ruídos e distratores); tipo de mesa e cadeira; se estudam sozinhos e, caso não, com quem estudam.

- Agora vou pedir a vocês para organizarem a mesa com os materiais escolares. Qual seria a melhor forma para cada um? Vocês não terão ajuda inicialmente. (Fazer com que observem o que não está funcionando, depois, ajudá-los na organização.)
  - ▸ Repetir três vezes essa organização na primeira sessão. Marcar o tempo que usam nos três movimentos e anotar na folha de registros.

- Vou distribuir calendários diários e pedir para que coloquem o nome de vocês e se familiarizem com o material. Observem e me falem um pouco para que serve. Acreditam que este material vai ajudá-los na organização diária escolar?

- Estes calendários, sendo o diário e o quadro de rotinas, serão preenchidos em casa com a ajuda dos pais. Estas folhas devem tornar-se painéis que ficarão expostos em um local visível para olharem todos os dias, no ambiente em que costumam estudar, ou seja, um local de fácil acesso e visualização.
- Vou dar uma sugestão a vocês, vejam o que acham: cada dia da semana terá uma cor e os livros das disciplinas terão na sua brochura uma etiqueta com aquela cor. Livros ou cadernos que precisam ser levados mais de um dia da semana terão mais de uma etiqueta.

Conversando e orientando os pais e as crianças

▸ A rotina da criança deve ser registrada diariamente, envolvendo todas as atividades escolares, assim como eventos familiares e compromissos em geral, com o intuito de a criança se organizar da melhor forma possível.

▸ Sempre que terminar uma tarefa, deve-se rever se tudo foi feito, cancelando-a então no seu calendário geral e diário.

▸ O espaço físico de trabalho deve ser um local sem ruídos ou distratores, para que a criança possa ter maior domínio atencional à tarefa. A mesa e a cadeira devem ser adequadas, evitando que a lição seja feita no chão, no sofá ou em outro local em que não consiga organizar o material escolar.

▸ Estabelecendo uma rotina: é importante que a criança tenha um horário fixo para estudar, pois assim já se estabelece um padrão mental, facilitando para que ela fique voltada para aquela atividade, sabendo que não terá outra coisa para fazer a não ser estudar.

▸ Mesmo nos dias em que não tenha lição, ela deve realizar alguma atividade referente, como ler um livro, por exemplo.

▸ A criança nunca deve realizar a tarefa sem estar devidamente alimentada ou logo após chegar da escola, devendo primeiramente descansar.

▸ Os pais ou aqueles que auxiliam a criança no momento da lição devem evitar críticas negativas, para não tornar o evento continuamente estressante.

Observação: caso a criança não esteja estudando, o item que diz respeito ao momento da lição deve ser desconsiderado.

SESSÃO 2

Jogo das letras, jogo das palavras coloridas, jogo das semelhanças, atividade de liga pontos

Material: placa autorreguladora "Compartilhar", 1 jogo de cartas contendo letras (imprimir e recortar três cópias de cada conjunto de letras para o jogo ficar mais desafiador), 1 jogo de cartas contendo palavras coloridas, 1 jogo de semelhanças e 4 folhas de atividade (liga pontos) para cada participante.
O que estamos trabalhando: automonitoramento, memória operacional, controle inibitório, flexibilidade cognitiva, atenção seletiva.

a) Jogo das letras

- Nesta tarefa serão apresentadas cartas contendo letras que serão distribuídas por igual para as crianças, sendo escolhidas duas letras.
- As crianças deverão fazer um som quando aparecer uma das letras e um movimento motor para outra letra escolhida.
- As duas letras devem ter associação com o som e o movimento.

Exemplo: se for a letra "D", devem fazer o movimento de uma minhoca com o dedo; se o som escolhido for da letra "s", devem fazer o som de uma cobra: "sssssss".

- O jogo começa com a primeira criança, que deve ser sorteada, e as demais na sequência. Elas deverão virar as cartas na mesa, que estarão para baixo, rapidamente.

- Quem errar leva o monte e continua até alguém zerar o seu monte. As demais podem continuar ou finalizar a tarefa. Caso seja muito fácil para as crianças envolvidas, aumenta-se o grau de dificuldade, colocando mais uma letra e um som, ou mais duas letras.

> **Instrução do jogo das letras**
>
> - Vocês estão vendo estas cartas? Aqui temos todas as letras do alfabeto, alguém quer falar quais são?
> - Então, vou dividir este maço de cartas por igual para cada um de vocês, que devem deixar à sua frente, de forma que fique fácil para poderem manipular este material. As cartas devem ficar viradas para baixo e vocês só vão visualizar quando virarem já no monte, que será formado aqui no meio.
> - Primeiro vamos sortear para ver quem começa, quem é o segundo e assim por diante.
> - Vamos escolher duas letras, que podem ser a letra D e a letra S. Sempre que aparecer a letra D, vocês vão fazer um movimento de um dedo, como uma minhoca se movimentando. Quando aparecer a letra S, vão fazer o som de uma cobra, assim, "sssssssssss". (São apenas sugestões que podem ser alteradas pelo avaliador.)
> - Quem errar, pega todo o monte. Ganha quem terminar o seu monte. Os outros continuam até sobrar um.
>
> (Imprimir três cópias de cada conjunto de letras para o jogo ficar mais desafiador. Caso queira dificultar, aumentar mais uma ou duas letras. Os movimentos devem ter relação com a letra escolhida assim como o som).

Feedback (placa "Compartilhar"): O que acharam desta atividade? O que vocês acreditam que aprenderam aqui? O que mais?

b) Jogo das palavras coloridas

- Cada criança escolhe uma cor e serão apresentadas palavras em tiras, uma a uma, que ficarão viradas para baixo.
- O avaliador deve começar a virar as cartas.
- A criança que escolheu aquela cor deve atribuir o oposto daquela palavra.
- A criança só deve falar quando aparecer a sua cor, omitindo-se nas demais.

Exemplo: Isabela escolheu a cor azul, em que está escrito "bonito", então ela deve responder "feio".

Instrução do jogo das palavras coloridas

- Esta atividade chama-se jogo das palavras coloridas. Eu tenho aqui comigo um monte com várias palavras coloridas. Quero que cada um de vocês escolha uma cor.
- O jogo funciona da seguinte forma: eu vou virar as cartas rapidamente na mesa e sempre que aparecer a cor que cada um escolheu, deve atribuir o oposto dessa palavra. Por exemplo, se aparecer a palavra "água" na cor verde, rapidamente quem escolheu a cor verde deve falar "fogo". Então, vamos lá. Vai ser bem rápido.
- Quando não for a sua cor, não pode falar.

Compartilhar

Feedback (placa "Compartilhar"): O que acharam desta atividade? O que vocês acreditam que aprenderam aqui? O que mais?

c) Jogo das semelhanças

- São distribuídas cartas com imagens duplas (todas elas) de determinadas categorias, como carro e trem, e a criança tem que dizer qual categoria se refere aos dois itens mostrados.
- Depois que ela disser qual é, deve atribuir mais um item referente à categoria apresentada, por exemplo, barco.

> **Instrução do jogo das semelhanças**
>
> - Muito bem, estamos já na terceira atividade de hoje, que se chama jogo das semelhanças.
> - Então, agora eu vou distribuir a vocês cartas contendo duas imagens. Cada um na sua vez deve virar a carta e falar o que essas imagens têm de comum. Por exemplo, se aparecer o "verde e o azul", vou dizer que são cores, correto? Depois que vocês conseguirem adivinhar qual a categoria da carta, vão ter que falar mais um item, por exemplo, "amarelo", que corresponde à categoria das cores. Entenderam?

Feedback (placa "Compartilhar"): O que acharam desta atividade? O que vocês acreditam que aprenderam aqui? O que mais?

Compartilhar

d) Atividade de liga pontos

- Nesta tarefa, serão distribuídas uma folha normal e uma vegetal. A criança deverá criar um desenho na folha normal e depois, na folha vegetal, deverá colocar pontos, com letras ou números, ou os dois, no entorno do desenho.

- Em seguida os desenhos deverão ser trocados entre os colegas, para cada um descobrir o desenho do amigo.
- O grau de complexidade vai depender da idade das crianças, devendo o profissional conduzi-las para a realização da tarefa no sentido de colocar apenas números, ou letras, ou os dois, alternando.

Instrução da atividade de liga pontos

- Vamos fazer nossa última atividade de hoje. Ela chama-se liga pontos. Acredito que vocês já tenham visto, mas se não, vão conhecer agora.
- Mas, eu não vou dar nada pronto a vocês, que terão que criar um!!
- Vou distribuir duas folhas, sendo uma vegetal e outra normal. Façam um desenho na folha normal e depois coloquem o papel vegetal em cima e façam pontos circulando o desenho de vocês.
- Nesses pontos, vocês devem numerar, ou colocar o alfabeto, ou os dois (depende da idade das crianças, que devem ser conduzidas pelo profissional).
- Agora troquem com seus colegas, para que cada um descubra o desenho do outro, seguindo a sequência dos pontos.
- Guardem a atividade na pasta quando terminarem (pasta individual).

Feedback (placa "Compartilhar"): O que acharam desta atividade? O que vocês acreditam que aprenderam aqui? O que mais? Qual foi a tarefa de que cada um gostou mais? Por quê? De qual gostou menos? Por quê?

SESSÃO 3

Jogo das ideias, história em tirinhas, história em frases e jogo dos sete erros

Material: placas autorreguladoras "Ideia" e "Compartilhar", 1 jogo de cartas das ideias, 1 kit de histórias em tiras com imagens, 1 kit das histórias em frases, atividade dos sete erros, folha sulfite.
O que estamos trabalhando: planejamento, produção verbal, abstração, sequenciamento, memória operacional e flexibilidade cognitiva.

a) Jogo das ideias

- O avaliador deve solicitar que a criança escolha uma imagem do jogo de cartas das ideias e elabore uma história. Primeiramente elas desenvolvem o pensamento a respeito da história, efetivam palavras principais (escrevem) e depois a desenham.

Instrução do jogo das ideias

- Muito bem crianças, hoje vamos começar o dia colocando nossa mente para pensar, para criar, para imaginar. Para isso, vamos fazer um jogo que se chama o jogo das ideias. Quem sabe me dar um exemplo do que é uma ideia?
- Então vamos lá, vamos imaginar nossa cabeça igual a esta lâmpada (placa "Ideia"), em que estão saindo vários raios de ideias de nossa mente. Vocês vão pegar uma carta deste monte, sem ver e vão criar uma história.
- Vou distribuir uma folha sulfite para cada um de vocês, que devem colocar as palavras principais da história que estão pensando. Pode ser uma embaixo da outra, como preferirem. Depois que estruturarem a história em suas mentes, vão desenhar a história e contar para o grupo.

Feedback (placa "Compartilhar"): O que acharam desta atividade? O que vocês acreditam que aprenderam aqui? O que mais?

b) História em tirinhas

- São distribuídas histórias em tirinhas que a criança deve colocar em ordem e contar. Distribuir uma história para cada um, não olhando o que o outro vai fazer. Sugerir que façam sons interativos na história, como uma criança caindo, sugerir que façam o barulho.
- Depois as crianças vão contar a história do fim para o começo.
- São distribuídas as mesmas histórias em frases, mas cada um vai pegar a história do colega e colocar em ordem.

Histórias anexas

- História 1 – Todos estão reunidos no parque da escola. Uma criança é ignorada pelo grupo e sai. Uma amiga vai atrás da criança. Todos saem juntos para casa.
- História 2 – O menino está empinando pipa. A mãe o avisa para tomar cuidado com os fios, mas ele não presta atenção e de repente a linha encosta no fio e o menino leva um choque.
- História 3 – A mãe prepara o bolo para a festa da filha. Eles se divertem na festa. Todos cantam parabéns e comem o bolo. Todos ficam felizes e vão ver os presentes.
- História 4 – Uma família está passeando de carro. Encontra um cachorro e prontamente o pai foi ver o que estava acontecendo com ele. Resolveu resgatá-lo e levá-lo ao veterinário. Após algum tempo o cachorrinho ficou bem e a família o adotou.

Instrução da história em tirinhas

- Neste primeiro momento, vou dar a vocês uma história em pedaços e devem montá-la, colocá-la em ordem, com começo, meio e fim. Depois cada um contará a sua história. Mas vamos tentar fazer efeitos especiais? Como se fosse uma história em quadrinhos? Quem não conhece uma história em quadrinhos? Então, como exemplo, se um menino cai no chão, que barulho seria?
- Agora vamos fazer uma brincadeira. Vocês vão contar a história do fim para o começo. O que será que vai acontecer?
- Vou distribuir para vocês frases da história do amigo, ninguém vai pegar a mesma história e vocês vão ter que colocar as frases em ordem.

Feedback (placa "Compartilhar"): O que acharam desta atividade? O que vocês acreditam que aprenderam aqui? O que mais?

c) Jogo dos sete erros

- É a terceira etapa, que deve ter uma imagem das histórias para que a criança localize os erros, e com isso tenha uma maior fixação.

Instrução do jogo dos sete erros

- Será distribuída a vocês uma folha contendo uma cena da história que montaram, só que são duas imagens quase iguais, porque uma delas está com erros e vocês vão ter que descobrir. São sete erros no total.
- Guardem o material do dia na pasta de vocês.

Feedback (placa "Compartilhar"): O que acharam desta atividade? O que vocês acreditam que aprenderam aqui? O que mais? Qual foi a tarefa de que cada um gostou mais? Por quê? De qual gostou menos? Por quê?

SESSÃO 4

Jogo das categorias, construção do planeta, montagem da história em quadrinhos

Material: 20 botões coloridos, folha sulfite, lápis preto, lápis de cor e régua. (Placas "Compartilhar" e "Ideia".)

O que estamos trabalhando: categorização, associação, memória operacional e produção de texto.

a) Jogo das categorias

- Primeiramente o avaliador deve ter em mãos um saquinho ou uma caixinha dentro do qual colocar os botões coloridos, de forma que a criança não veja. O avaliador vai atribuir uma cor para cada categoria, sendo elas:
  - Botão branco – animal
  - Botão preto – móveis
  - Botão vermelho – alimento
  - Botão azul – natureza
  - Botão amarelo – brinquedos
- O avaliador deve mostrar os botões às crianças e explicar que cada cor corresponde a uma categoria e que elas devem decorar.
- Será sorteado para ver quem começa. A primeira criança sorteada adquire um botão do saquinho sem ver o seu conteúdo e assim rapidamente atribui um nome referente à categoria.

Exemplo: botão vermelho (alimento), deve falar "arroz".

- Em seguida, o próximo adquire outro botão e fala outra palavra correspondente à categoria daquela cor e assim sucessivamente.
- Quem não conseguir deve fazer uma careta, podendo ser escolhida outra coisa. As crianças ou o avaliador devem anotar as palavras faladas.

Observação: Caso o grupo seja formado por crianças mais comprometidas ou com pouca maturidade, o avaliador pode diminuir uma cor ou até duas.

Instrução do jogo das categorias
- Vamos fazer uma brincadeira, que se chama o jogo dos botões. Vocês estão vendo estes botões coloridos? Cada um se refere a uma categoria. Lembram-se o que é categoria? Posso explicar.
- Primeiro, vamos sortear para ver quem começa e a ordem de cada um.
- Agora, vamos lá. Temos estas cinco cores, sendo que o botão branco corresponde à categoria "animal"; o botão preto à categoria "móveis", o botão vermelho à categoria "alimento", o botão azul à categoria "natureza" e o botão amarelo à categoria "brinquedo".
- Vocês têm que decorar, pois não poderei mais falar. Vamos treinar um pouquinho para que consigam fixar na memória?
- Agora, vamos começar. Eu vou colocar todos os botões neste saquinho para que não vejam. O primeiro vai pegar um botão sem ver e ter que falar um nome para aquela categoria.

Exemplo: botão vermelho se refere à categoria "alimento" e a resposta pode ser "arroz".
- Depois o segundo faz a mesma coisa. Vocês devem anotar as palavras faladas.
- Entenderam? Posso explicar novamente.
- Quem não conseguir vai ter que fazer uma cara maluca, uma careta!

Observação: Caso o grupo seja formado por crianças mais comprometidas ou com pouca maturidade, o avaliador pode diminuir uma cor ou até duas.

Feedback (placa "Compartilhar"): O que acharam desta atividade? O que vocês acreditam que aprenderam aqui? O que mais?

b) Construção do planeta

- Dividir em grupo, sendo que cada qual vai inventar um planeta com as palavras que falaram, desenhando. Devem atribuir um nome ao planeta.

Instrução da construção do planeta

- Agora, nós vamos pegar todas essas palavras que vocês falaram e anotaram (ou o avaliador) e vão criar um planeta. Mas será que se lembram das palavras sem olhar? Quem consegue falar?
- Cada um terá o seu planeta, então, coloquem um nome. Os itens que falaram (das categorias) devem estar no planeta de vocês. Vamos lá, vamos desenhar.
- Agora cada um vai contar sobre seu planeta. Vamos brincar um pouquinho? Quais são as coisas boas do planeta de cada um? E as coisas ruins? Tem problemas? Como solucionar? O amigo pode ajudar?

Feedback (placa "Compartilhar"): O que acharam desta atividade? O que vocês acreditam que aprenderam aqui? O que mais?

c) Montagem da história em quadrinhos

- Será distribuída uma folha para cada criança, que deve ser dividida em quatro ou seis quadrinhos, como se fosse um "gibi".
- Solicitar à criança que desenvolva uma história breve, referente ao planeta que criou nessa folha, que deve ter desenho e falas, de preferência.

Instrução da história em quadrinhos

- Vamos lá, quem já leu gibi ou já viu um?
- Vocês lembram que ele é dividido em quadrinhos? Pode ser uma história longa ou uma história curta que fica em uma folha só.
- Então, vamos tentar fazer isto nesta folha. Vocês devem dividi-la com a régua em quatro ou seis quadradinhos.
- Depois que dividirem, vocês vão construir uma pequena história que se refere ao planeta que construíram, nesses quadrados. Da forma que quiserem.
- De preferência, devem desenhar e colocar algumas falas. Usem a criatividade, vamos lá, deve ser bem colorido e atrativo. Pode ser engraçado, pode ser da forma que imaginarem. Vamos nos expressar!
- Guardem o material do dia na pasta de vocês.

Feedback (placa "Compartilhar"): O que acharam desta atividade? O que vocês acreditam que aprenderam aqui? O que mais? Qual foi a tarefa de que cada um gostou mais? Por quê? De qual gostou menos? Por quê?

SESSÃO 5

Jogo das rimas, frases invertidas, jogo das sílabas malucas

Material: 1 cartão com palavras, 1 jogo de palavras avulsas, tiras com frases, 1 jogo de sílabas, placas autorreguladoras: "Falar", "Ideia", Reforço positivo".
O que estamos trabalhando: flexibilidade cognitiva, linguagem (rima).

a) Jogo das rimas

- Agora a atividade se refere a rimas. Questionar o que sabem a respeito e explicar.

    Exemplo: Pura – termina com "ra".
    ▶ Vocês conseguem pensar em alguma palavra que também tem "ra" no final? Vamos pensar, pode ser cana? Cura? Ramo? Qual está certa?

- Após o exemplo, o avaliador deve pegar o cartão, falar a primeira palavra ("cão") e solicitar a criança para pensar em rimas associadas. Destacar o som final de cada palavra por meio de repetições e uso de entonação diferenciada na pronúncia.
- Caso ela não consiga, o avaliador deve pegar o jogo de palavras avulsas que contém várias palavras e solicitar à criança que encontre aquela que rime com "ão".

- Solicitar para que a próxima criança rime a palavra seguinte do cartão ("cabo") e assim sucessivamente, até finalizarem todas as palavras.

Palavras do cartão
- cão – cabo – mola – vida – gato – dama – criança – creme – chinelo – canta – forte – dedo

Instrução do jogo das rimas

- Nós vamos agora fazer um jogo que se chama jogo das rimas. Alguém sabe o que é rima? Então eu vou falar uma palavra e vocês vão ter que rimar, combinar o final da palavra.
- Vou dar um exemplo para vocês: "pura" termina com "ra" no final correto? Vocês conseguem pensar em alguma palavra que também tem "ra" no final? Vamos pensar, pode ser cana? Cura? Ramo? Qual está certa?
- Agora eu vou falar a primeira palavra. Quem vai começar?
  ▸ cão – cabo – mola – vida – gato – dama – criança – creme – chinelo – canta – forte – dedo
- (Para os que não conseguem:) Espere que vou te ajudar. Tenho aqui várias palavras (jogo de palavras avulsas). Olhe todas e veja qual rimaria com a que falei?

Compartilhar

Feedback (placa "Compartilhar"): O que acharam desta atividade? O que vocês acreditam que aprenderam aqui? O que mais?

b) Frases invertidas

- O avaliador deve pegar as tiras com frases prontas, distribuir e solicitar que a criança busque uma palavra no jogo de palavras avulsas que rime com aquela destacada (em vermelho), o que vai mudar o sentido da frase.
- Ela deve atribuir uma nova frase que faça sentido com a palavra inserida.

Exemplo: A menina estava comendo um pão quentinho.

- A menina estava comendo no chão do quarto.
- Tiras das frases em anexo:
  ▸ A menina estava brincando com o cão no quintal.
  ▸ A vida da bailarina mudou depois que ganhou o prêmio.
  ▸ O gato se assustou com o assobio do garoto.
  ▸ A criança não queria parar de brincar.
  ▸ O menino levou o chinelo em uma viagem e acabou perdendo.
  ▸ A moça colocou o creme favorito em seu bolo.
  ▸ O brinquedo do garoto ficou sem a mola.
  ▸ A criança estava se sentindo mais forte depois de ter comido tudo.

Instrução das frases invertidas

- Vou mostrar várias frases, que terão uma palavra destacada. Olhem só, ela está na cor vermelha.
- Então vocês vão encontrar uma palavra nas cartas das rimas, colocar no lugar, rimando com a destacada. Mas, com isso, o que vai acontecer? Quem sabe? Será mudado o sentido da frase e terão que então construir uma nova frase com a nova palavra.
- Não é necessário escrever, podem apenas falar. Vejam o que fica mais fácil.

Feedback (placa "Compartilhar"): O que acharam desta atividade? O que vocês acreditam que aprenderam aqui? O que mais?

c) Jogo das sílabas malucas

- O avaliador pega o material que contém sílabas separadas e solicita que as crianças construam palavras utilizando essas fichas com sílabas coloridas, com as quais devem montar uma palavra como "flauta" e depois inverter as sílabas, formando "taufla". Elas vão tentando até formar uma palavra que existe.

Instrução do jogo das sílabas malucas

- Estão vendo estas fichas coloridas? Elas contêm muitas sílabas diferentes. Vocês sabem dizer o que são sílabas?
- Vamos fazer um jogo, chama-se jogo das sílabas. Então brincaremos com as palavras, olhem só.

Exemplo: Vou montar uma palavra com estas sílabas, sendo "flau" e "ta", que forma "flauta". Ótimo, agora vamos inverter e ver o que acontece? Vai formar "taufla", mas que estranho, não acham? Acho que não formou uma palavra que exista.

- Então vamos formar várias palavras e invertê-las até que uma delas forme uma palavra que existe na inversão. Vamos lá, vai ser divertido.

Feedback (placa "Compartilhar"): O que acharam desta atividade? O que vocês acreditam que aprenderam aqui? O que mais? Qual foi a tarefa de que cada um gostou mais? Por quê? De qual gostou menos? Por quê?

SESSÃO 6

História oculta com mapa mental, palavras cruzadas, contar a história vista

Material: histórias sem fala, mapa mental impresso, um jogo de letras avulsas e um tabuleiro, placas autorreguladoras: "Falar", "Ideia", "Reforço positivo".
O que estamos trabalhando: flexibilidade cognitiva, mapa mental, abstração, memória operacional e linguagem.

a) História oculta com mapa mental

- Será apresentada uma história sem fala para cada um, em que deverão identificar e anotar seu conteúdo no mapa mental.
- Distribuir a folha do mapa mental e explicar como funciona.

Exemplo: Primeiramente vão escrever a palavra principal referente ao texto no meio do mapa e as demais palavras secundárias em seu entorno.

Construção do mapa mental

▶ Para construir um mapa mental, é necessário iniciar no meio da folha de sulfite e expandir pelas laterais em linhas curvas representando o desenho de um neurônio, tendo conexão entre as palavras-chave para fazer sentido e haver fixação do conteúdo. Nunca fazer linhas na vertical, pois as palavras serão escritas em um formato inadequado para a memorização.

- As cores são de extrema importância para maior ativação cerebral. No momento do estudo, evitar utilizar a amarela, pois provoca pouca ativação do cérebro. As linhas devem ser desenhadas do tamanho da palavra e a linha mais próxima do tema principal deve ser feita com caneta de ponta grossa e as demais com caneta de ponta fina.
- As palavras devem ser escritas com letras de forma, pois elas têm começo e fim, facilitando a memorização. Nunca devem utilizar a letra cursiva, que traz um formato mais complexo, tendo um desgaste de energia desnecessária do cérebro para memorizar a informação.
- As informações precisam estar conectadas uma à outra para se tornarem significativas. O que facilita a memorização da informação é a escrita de poucas palavras em cada linha, de preferência uma única palavra.

- Quatro histórias ocultas em anexos ilustrativos

Instrução da história oculta com mapa mental

- Vou mostrar cartões com imagens, que na verdade têm uma história, mas não vou contar a história. Vocês vão ver as imagens e tentar entender o que está acontecendo. Cada um terá a sua história. (Seguir a ordem no verso de cada história como a, b, c, d.)
- Agora vou distribuir uma folha que contém um desenho. Sabem como se chama isso? É um mapa mental. Nesse mapa, vocês vão colocar a palavra principal da história de cada um aqui no meio, e as demais, referentes ao texto, em volta, igual ao modelo.

Feedback (placa "Compartilhar"): O que acharam desta atividade? O que vocês acreditam que aprenderam aqui? O que mais?

b) Palavras cruzadas

- Pegar o tabuleiro e as letras para o cruzadão.
- As letras serão distribuídas, 10 para cada criança, aleatoriamente. Sempre que as letras forem utilizadas, devem ser repostas totalizando a mesma quantidade (10). A criança que inicia coloca a palavra principal do seu mapa mental no meio do tabuleiro. A seguinte escolhe qualquer palavra do seu mapa mental, ligando à palavra já colocada.

Exemplo:
- ▸ CORAÇÃO
- ▸ O
- ▸ R

> **Instrução das palavras cruzadas**
>
> - Olhem as palavras que vocês colocaram no mapa mental. Sabem o que vamos fazer com elas? Vamos pegar estas letras e fazer palavras cruzadas. Sabem como isso funciona? Quem pode falar a respeito?
> - Vou distribuir 10 letras para cada um inicialmente.
> - Vamos definir quem vai começar? Então, coloque a palavra escolhida como principal em seu mapa mental aqui no meio deste tabuleiro.
> - Agora o próximo vai pegar uma palavra de seu mapa mental e cruzar com a palavra que já está no tabuleiro, utilizando uma letra da palavra formada. Devemos colocar todas as palavras e fazer um cruzadão.
> - Todos vão participar, cada um na sua vez.
> - Cada vez que colocarem uma palavra, devem substituir as letras utilizadas, até ficarem com 10 novamente.
>
> Exemplo:
> - CORAÇÃO
> - O
> - R

Feedback (placa "Compartilhar"): O que acharam desta atividade? O que vocês acreditam que aprenderam aqui? O que mais?

c) Contar a história vista, mudando o final

As crianças devem contar a história, mas todas devem mudar o final, um diferente do outro.

Instrução do contar a história vista, mudando o final

- Agora vou pedir para cada um contar a sua história oculta.
- Quem vai começar a contar a história que viu? É a mesma que vocês fizeram no mapa mental. Quero ouvir todos, cada um do seu jeito, não tem forma certa. Vamos lá.
- Agora, vocês vão atribuir um final diferente, quero ouvir a de cada um.
- Guardem o material do dia na pasta de vocês.

Feedback (placa "Compartilhar"): O que acharam desta atividade? O que vocês acreditam que aprenderam aqui? O que mais? Qual foi a tarefa de que cada um gostou mais? Por quê? De qual gostou menos? Por quê?

SESSÃO 7

Jogo da mala, construção de história, segundo mapa mental, labirinto

Material: 1 jogo de cartas da mala, uma sacola, um mapa mental, atividade de labirinto, lápis preto e colorido, placas autorreguladoras: "Falar", "Ideia", "Reforço positivo".
O que estamos trabalhando: memória operacional, planejamento, plano de estudo, flexibilidade cognitiva.

a) Jogo da mala

- O avaliador deve pegar as cartas do jogo da mala e colocar dentro de uma sacola ou caixa para este trabalho. O primeiro inicia e retira uma carta dizendo o que está vendo e mostra para os colegas.
- A criança seguinte pega outra carta e deve dizer a primeira do colega e a que tirou e assim por diante. São feitas três rodadas ou mais, em que o profissional deve conduzir de acordo com o rendimento do seu grupo.

Exemplo: Caio tirou a imagem do sabonete e fala apenas "sabonete". Mario tirou a imagem do casaco e fala "sabonete e casaco". Andrea tirou sapato e fala "sabonete, casaco, sapato".

- Caso a criança não consiga recordar, pode pedir ajuda ao amigo.

Instrução do jogo da mala

- Vamos fazer de conta que vocês vão fazer uma viagem para outro país. Para isso temos que preparar uma mala, concordam?
- Eu vou mostrar uma sacola que vamos imaginar como sendo uma mala, e nela existem muitas coisas que levamos para viajar. Vocês devem se organizar para ver quem começa e qual será a ordem de cada um.
- O primeiro vai colocar a mão dentro da sacola e pegar uma carta, falando a imagem que vê. Deve mostrar a imagem aos amigos.
- O segundo vai seguir o mesmo passo, entretanto, terá que verbalizar o primeiro objeto retirado pelo colega e o que ele retirou e assim por diante. (São feitas três rodadas ou mais, em que o profissional deve conduzir de acordo com o rendimento do seu grupo.)

Exemplo: Caio tirou o sabonete e fala apenas "sabonete". Mario tirou o casaco e fala "sabonete e casaco". Andrea tirou sapato e fala "sabonete, casaco, sapato".

- (Caso a criança não consiga recordar, pode pedir ajuda ao amigo para que mostre a imagem somente para ela.)

Feedback (placa "Compartilhar"): O que acharam desta atividade? O que vocês acreditam que aprenderam aqui? O que mais?

b) Construção de história

- Solicitar que construam uma história com as imagens que viram, podendo utilizar as do colega também, mas deverão montar no segundo mapa mental impresso, que deve ser distribuído.

Instrução da construção de história

- Agora vamos construir uma história com as imagens que retiramos da sacola, mas para ajudar, vou distribuir o mapa mental. Sabem o que é isso? Lembrem que já fizeram anteriormente. Quem pode contar ao colega o que recorda? Quais os benefícios do mapa? Acham que ele ajuda? Como? Digam-me tudo o que pensam sobre isso.
- Anotem todas as palavras nele.
- Agora construam uma história com as palavras que recordam. Podem somente desenhar.

Feedback (placa "Compartilhar"): O que acharam desta atividade? O que vocês acreditam que aprenderam aqui? O que mais?

Compartilhar

c) Atividade do labirinto

- Distribuir a folha sulfite e solicitar à criança que crie vários caminhos para uma única saída. Eles devem ter um tema, por exemplo, o coelho que vai atrás de sua cenoura.
- Mostrar que o labirinto tem que partir de um lado para outro.

Instrução da atividade do labirinto

- Agora vou distribuir a vocês uma atividade chamada labirinto. Sabem para que serve este tipo de atividade?
- Vocês terão que criar um labirinto. Então, como vai funcionar? Escolham quem deve achar o quê. Por exemplo: o coelho tem que encontrar a cenoura. O coelho vai estar de um lado da folha e a cenoura, do outro.
- Muito bem. Agora, criem vários caminhos, sendo que só um deve levar o coelho ao encontro de sua cenoura. Os outros não vão ter saída.
- Vamos começar?
- Guardem o material do dia na pasta de vocês.

Feedback (placa "Compartilhar"): O que acharam desta atividade? O que vocês acreditam que aprenderam aqui? O que mais? Qual foi a tarefa de que cada um gostou mais? Por quê? De qual gostou menos? Por quê?

SESSÃO 8

Reconto de histórias, história maluca, jogo de caça-palavras

Material: cartões com 4 histórias em tiras, folha com caça-palavras, folha sulfite, lápis preto, lápis colorido, placas autorreguladoras: "Falar", "Ideia", "Reforço positivo", "Silêncio".
O que estamos trabalhando: memória operacional, abstração verbal, automonitoramento, atenção seletiva e alternada.

a) Reconto de histórias

- Será distribuída uma fábula para cada criança. Após a criança escolher o seu cartão, então o aplicador deverá contar a história e solicitar que ela reconte. Porém, além da história que a criança tirou, ela vai ter que prestar atenção na história de um dos colegas, que o aplicador vai escolher, para ela também contar, na segunda rodada.
- Então cada um vai escolher uma história do amigo para contar novamente. Depois, eles devem anotar as palavras principais de sua história.

As fábulas são: A corrida de sapinhos, O gato vaidoso, O leão e o ratinho e Os dois viajantes e o urso.

Instrução do reconto de histórias

- Quem gosta de ouvir aquelas histórias que sempre têm uma dica no final para aprendermos alguma coisa? Sabem aquelas com moral da história? Quem conhece alguma? Quem quer contar?
- Então, vamos lá, são quatro histórias distribuídas nestes cartões. Vamos sorteá-las?
- Agora vou ler a história de cada um. Prestem muita atenção que vocês vão ter que recontar a história escolhida, porém, terão que optar por mais uma história que não é a sua, para recontar depois que todos ouvirem sua história. Quem entendeu?

Posso dar um exemplo:

- Maria pegou o cartão da história de sapinhos. Então, eu vou ler esta história e Maria vai recontá-la para mim.
- João pegou o cartão da história do gato. Eu vou ler a história do gato e João vai recontá-la. Ele vai escolher a história de Maria ou de Marcelo para recontar depois na segunda rodada.
- Marcelo pegou o cartão da história do leão. Eu vou ler para ele e depois Marcelo deve recontá-la. Ele vai escolher a história de Maria ou de João para recontá-la na segunda rodada.
- Muito bem. Agora, vamos anotar as palavras principais da história de cada um, não a do amigo. Vou dar uma folha para vocês utilizarem.
- Vocês podem compartilhar, pedir ajuda para o amigo caso não se recordem.

Obs.: para criança que não sabe escrever, deve fazer desenhos.

Feedback (placa "Compartilhar"): O que acharam desta atividade? O que vocês acreditam que aprenderam aqui? O que mais?

b) Cartões de frases da história maluca

- Ao pegar os cartões com as frases de cada história, solicitar às crianças que montem uma história absurda, sem nexo, com esse material.

Instrução dos cartões de frases da história maluca

- Agora, vamos fazer uma brincadeira?
- Vou distribuir a história de vocês em frases, para que montem uma história sem nexo, meio maluca. Vamos ver o que acontece? Não existe certo nem errado, vamos lá.

Compartilhar

Feedback (placa "Compartilhar"): O que acharam desta atividade? O que vocês acreditam que aprenderam aqui? O que mais?

c) Jogo de caça-palavras

- Será distribuída uma folha com caça-palavras de cada história, em que as crianças devem procurar palavras referentes à sua história.

Instrução do jogo de caça-palavras

- Agora vamos ver se encontramos as palavras da história de cada um? Olhem só, vou distribuir uma folha com um monte de letras que se cruzam, que podemos chamar de caça-palavras. Alguém conhece? (Explorar.)
- Vocês devem pegar as palavras que anotaram e procurar nessa folha, que pode estar na horizontal e na vertical. Quem sabe o que quer dizer horizontal e vertical?
- Abaixo da folha estão anotadas quantas palavras devem encontrar e quais. Vejam se correspondem às palavras que vocês registraram. Caso não achem alguma, podem pedir para o amigo ajudar, desde que ele já tenha terminado a sua atividade.
- Terminando, guardem na pasta de vocês.

Feedback (placa "Compartilhar"): O que acharam desta atividade? O que vocês acreditam que aprenderam aqui? O que mais? Qual foi a tarefa de que cada um gostou mais? Por quê? De qual gostou menos? Por quê?

SESSÃO 9

Jogo liga liga (palavras semânticas), terceiro mapa mental, inventando mapas mentais

Material: folha sulfite, lápis preto, lápis colorido, placas autorreguladoras: "Falar", "Ideia", "Reforço positivo".
O que estamos trabalhando: relação semântica, memória operacional, automonitoramento.

a) Jogo liga liga

- A ideia é falar rapidamente palavras encadeadas pelas relações semânticas.

Exemplo: a primeira criança diz "sabonete", o outro "cheiroso" e assim por diante. As ideias devem ser encadeadas até chegar à primeira palavra verbalizada.

Instrução do jogo liga liga

- Vamos fazer um jogo de palavras. É assim: primeiro sorteamos quem começa e os seguintes.
- Agora vamos começar. O primeiro vai falar uma palavra qualquer, por exemplo, "sabonete". O seguinte fala "cheiroso" e assim por diante. Então as palavras têm que ter alguma ligação. Vamos seguindo até alguém chegar à primeira palavra falada, como "sabonete", por exemplo.

Feedback (placa "Compartilhar"): O que acharam desta atividade? O que vocês acreditam que aprenderam aqui? O que mais?

b) Mapa mental

- Distribuir folhas sulfite e solicitar que utilizem as palavras criadas, para preencherem os campos do mapa mental, criados por eles.
- Pedir para criarem uma história que deve ser desenhada e contada depois. A primeira palavra deve ficar como ideia principal, como no exemplo acima, que seria "sabonete".

Instrução do terceiro mapa mental

- Lembram-se daqueles mapas mentais em que anotamos palavras? Quem se recorda para o que eles servem?
- Então agora vou dar folhas em branco a vocês e vamos pegar as palavras faladas no jogo do liga liga e fazer um mapa mental, só que vocês não o terão pronto, vão ter que inventar um. A primeira palavra é a principal e deve ficar em destaque.
- Aproveitem para pintar os espaços do mapa, deixem-no bem colorido.
- Agora vamos criar uma história com essas palavras. Não precisam escrever, podem desenhar e contar depois.

c) Inventando mapas mentais

- Distribuir folhas sulfite e solicitar que criem mapas mentais diferentes, sem palavras, apenas o formato.

Instrução da invenção de mapas mentais

- Agora vocês não precisam escrever nada, mas vão criar diversos mapas mentais.
- Façam da forma que imaginarem, não tem certo ou errado. Criem, divirtam-se.
- Guardem o material de hoje na pasta.

Compartilhar

Feedback (placa "Compartilhar"): O que acharam desta atividade? O que vocês acreditam que aprenderam aqui? O que mais? Qual foi a tarefa de que cada um gostou mais? Por quê? De qual gostou menos? Por quê?

SESSÃO 10

Jogo da cabra cega, criação de frases absurdas, troca do corpo

Material: clips, moeda, algodão, lixa de unha, borracha, giz de cera, massinha (mole), cubo, pincel e giz (esses materiais podem ser substituídos); filipetas com frases absurdas; papel sulfite, lápis preto, placas autorreguladoras: "Falar", "Ideia", "Reforço positivo", "Silêncio"
O que estamos trabalhando: memória operacional, flexibilidade cognitiva, percepção.

a) Jogo da cabra cega

- Pedir a todos que fiquem em pé, formando um círculo com as mãos para trás, de forma que fiquem virados para fora e o avaliador no meio do círculo.
- **Execução:** O avaliador vai entregar um objeto por vez e um vai passando para o outro, sem olhar, até que todos os objetos voltem para o avaliador, um por um. Não é necessário cobrir os olhos.
- Após serem passados todos os objetos, devem sentar-se e escrever os objetos que passaram em suas mãos. Eles não podem falar.

Instrução do jogo da cabra cega

- Vamos ficar todos de pé, porém um de costas para o outro, em círculo, com as mãos para trás. Eu vou ficar no meio de vocês.
- Eu vou passar vários objetos para vocês, os quais devem mantê-los nas mãos até perceberem o que pode ser. Quando conseguirem, passem adiante, para o colega ao lado. Deve ser no sentido horário. Não podem olhar o que é.
- Não podem falar alto, devem se controlar, guardar para si.
- Agora que passamos todos os objetos, quero que se sentem e registrem na folha quais objetos identificaram. Não vale um copiar do outro.
- Vamos ver o que conseguiram e compartilhar?

Feedback (placa "Compartilhar"): O que acharam desta atividade? O que vocês acreditam que aprenderam aqui? O que mais?

b) Frases absurdas

- Serão mostradas várias frases absurdas e as crianças deverão dizer o que está errado e comentar a respeito. Um de cada vez.
- Em seguida devem criar frases sem sentido com as palavras dos objetos que anotaram, o quanto conseguirem produzir. Depois, um conta ao outro a frase que criou e o colega fala o que está errado.

Instrução das frases absurdas

- Vou mostrar várias frases e devem identificar o que existe de errado em cada uma.
- Vou dar duas frases para cada um de vocês e vão falar o que acham na sua vez.
  - Fiz um desenho utilizando uma tesoura.
  - O meu amigo adoçou o café com sal.
  - A mãe colocou a água para esquentar na geladeira.
  - As crianças foram assistir um filme no teatro.
  - O cachorro não parava de miar.
  - O frio fez a menina usar o seu melhor biquíni.
  - O peixe estava andando livremente no parque.
  - O menino escreveu um poema com a borracha.

- O que aconteceria se:
  - Os pregos que seguram os quadros na parede saíssem para dar uma volta?
  - Os dentes se recusassem a triturar os alimentos?
  - As rodas dos carros não quisessem girar para a frente e só o fizessem para trás?
  - Os lixeiros deixassem de recolher o lixo?
  - Os professores deixassem de ensinar?
  - As palavras nos livros se desarrumassem?
  - Quando escrevesse, as letras fossem mudando?
  - A mesa de jantar fosse vazada, apenas com os pés?
- Agora que vocês entenderam como funciona, vamos criar frases absurdas com os objetos que anotaram? Aqueles que passaram nas mãos de vocês.
- Cada um cria as suas frases, e, no final, vocês devem trocar.

c) Troca do corpo

- Iniciar a tarefa em que um dos membros do grupo mostra uma parte do corpo, mas falando outra parte.
  Exemplo: mostrar o cabelo e falar "nariz". O colega seguinte mostra o nariz e fala "pé"; o seguinte mostra o pé e fala "mão".

- Na rodada seguinte, devem falar a parte certa do corpo, mas a criança aponta para uma parte do corpo da outra criança e não em si mesmo, como na anterior. Então, a criança responde a parte do corpo que o colega apontou e segue a brincadeira.
  Exemplo: Flávio aponta para o pescoço do João que deve falar "pescoço".

- Realizar em média três rodadas.

> **Instrução da troca do corpo**
>
> - Vamos agora fazer uma brincadeira de trocar nomes?
> - Vejam, vou mostrar uma parte do corpo, mas falar outra.
>
> **Exemplo:** mostro a vocês a minha boca, mas falo que é a barriga, o colleguinha ao lado vai mostrar a barriga, que foi a parte do corpo atribuída pelo colega e fala "nariz", o próximo mostra o nariz e fala "dedo" e assim sucessivamente.
>
> - Agora que já fizemos uma rodada, vamos fazer diferente? Eu aponto para os pés do João e ele tem que responder "pés". O João aponta para outra parte do corpo do colega, que deve responder corretamente e assim sucessivamente
> - Vamos lá, é bem rápido.

Compartilhar

Feedback (placa "Compartilhar"): O que acharam desta atividade? O que vocês acreditam que aprenderam aqui? O que mais? Qual foi a tarefa de que cada um gostou mais? Por quê? De qual gostou menos? Por quê?

SESSÃO 11

Tabuleiro dos animais, história dos animais, sinal fala/movimento, recordação dos animais no tabuleiro

Material: um tabuleiro, animais em cartões (que podem ser substituídos por animais em miniatura), cartões coloridos, placas autorreguladoras: "Falar", "Ideia", "Reforço positivo", "Silêncio".
O que estamos trabalhando: memória operacional, atenção seletiva, flexibilidade cognitiva.

a) Tabuleiro dos animais

- São colocados os cartões dos animais em um tabuleiro demarcado e distribuídos um a um. As crianças devem observar.

Exemplo: para o tabuleiro com 9 animais, inicia-se primeiro com jacaré, ovelha, cão, gato, leão, vaca, porco, macaco e coelho. No caso de utilizar o tabuleiro com 12 animais, acrescentam-se tartaruga, rato e cavalo.

- Depois solicita-se que as crianças virem de costas e em seguida são retirados 3 animais no tabuleiro com 9 e 5 animais no tabuleiro com 12: cachorro, vaca, coelho; ou cachorro, vaca, porco, coelho, cavalo.
- Solicitar que nomeiem os que foram retirados.
- Na última etapa, solicitar que virem novamente. Os animais são colocados em lugares diferentes e as crianças devem colocá-los no lugar certo. (Trocar a ovelha pelo porco e o macaco com a vaca para 9 animais; trocar o jacaré com o cão, o gato com a vaca e a tartaruga com o cavalo para 12 animais.)
- As crianças vão fazer esta atividade todas juntas.

Instrução do tabuleiro dos animais

Observação: Escolher o tabuleiro com 9 animais para crianças menores (6/8) e com 12 (9/10) para crianças maiores. No tabuleiro estão marcados os números e atrás de cada carta, para facilitar na colocação, retirada e troca.

- Vocês vão fazer esta atividade juntos.
- Vou mostrar a vocês um tabuleiro e vamos fazer um jogo que será o seguinte: vou colocar cartões com animais, um por um e então prestem atenção onde eles serão colocados. Olhem por um tempo. (Média de 20 segundos.)

Para o tabuleiro com 9 animais, inicia-se primeiro com jacaré, ovelha, cão, gato, leão, vaca, porco, macaco e boi. No caso de utilizar o tabuleiro com 12 animais, acrescentam-se tartaruga, rato e hipopótamo.

- Agora vocês vão olhar para o outro lado e eu vou retirar alguns animais. Depois vocês vão ter que falar quais saíram. (São retirados 3 animais no tabuleiro com 9 e 5 animais no tabuleiro com 12: cachorro, vaca, boi ou cachorro, vaca, porco, boi, hipopótamo.
- Vamos lá, quais saíram?
- Esta é a última fase. Virem novamente e não olhem. (Os animais são colocados em lugares diferentes e as crianças devem colocá-los no lugar certo. Trocar a ovelha pelo porco e o macaco com a vaca para 9 animais, trocar o jacaré com o cão, o gato com a vaca e a tartaruga com o hipopótamo para 12 animais.)
- Digam-me, o que aconteceu? O que foi trocado?

Compartilhar

Feedback (placa "Compartilhar"): O que acharam desta atividade? O que vocês acreditam que aprenderam aqui? O que mais?

b) História dos animais

- Devem elaborar uma história de animais, que pode ser em mímica, com barulhos, atuação.

Instrução da história dos animais

- Vamos aproveitar os animais que vimos e fazer uma história sobre eles, sobre animais?
- Podem fazer o barulho dos animais escolhidos na história de vocês, fazer mímica, não precisam escrever, podem contar na hora!
- Vai ser divertido!

Feedback (placa "Compartilhar"): O que acharam desta atividade? O que vocês acreditam que aprenderam aqui? O que mais?

c) Sinal fala/movimento

- Serão utilizados cartões coloridos e instituídos movimentos ou palavras específicas para cada cartão.

Exemplo: sempre que for mostrado cartão azul, devem falar azul e sempre que aparecer o cartão vermelho devem fazer o som da buzina de um carro. Quando aparecer a cor amarela, devem passar a mão na barriga em círculo e quando aparecer a cor verde falar vermelho. (Cinco minutos.)

- Atividade com todos juntos.
- Alterar os comandos e fazer nova rodada, que deve ser criada com as crianças e o avaliador.
- Atividade individual, sendo sorteada a ordem de cada participante.

Quando houver erro, deve fazer uma careta e passar para o próximo participante.

Observação: Pode ser estipulado menor número de itens dependendo do nível das crianças.

Instrução do sinal fala/movimento

- Quem conhece um semáforo? Já falamos dele em outra atividade, recordam? Semáforo de carro, em que devemos parar no sinal vermelho, e fazer o que no amarelo e no verde?
- Então este será o jogo. Sempre que eu mostrar o cartão verde, devem falar vermelho.
- Sempre que aparecer o cartão vermelho devem fazer um som de buzina de carro.
- Quando aparecer o cartão azul, devem falar azul.
- Quando aparecer o cartão amarelo, devem passar a mão na barriga em círculo.
- Vamos sortear quem começa?
- (Realizar a atividade em média de 5 minutos, repetindo algumas vezes os cartões, de forma rápida e dinâmica. É uma atividade que devem fazer conjuntamente.)
- Agora vamos alterar os comandos? Vamos criar juntos? Só que desta vez eu vou mostrar o cartão para cada um, que deve realizar o comando correto. Se não conseguir vai fazer uma careta e passamos para o próximo. (Cinco minutos.)

d) Recordação dos animais

- Pegar o tabuleiro utilizado no início da sessão e solicitar às crianças que coloquem os animais no tabuleiro, no formato inicial.

Instrução da recordação dos animais no tabuleiro

- Vamos ver se vocês recordam como os animais estavam dispostos no tabuleiro?
- Vamos lá, vou só observar!!

Feedback (placa "Compartilhar"): O que acharam desta atividade? O que vocês acreditam que aprenderam aqui? O que mais? Qual foi a tarefa de que cada um gostou mais? Por quê? De qual gostou menos? Por quê?

SESSÃO 12

Quarto mapa mental, linguagem oral, sinal movimento/atenção para ouvir

Material: uma folha atividade com um mapa mental, baralho das emoções, placas autorreguladoras: "Falar", "Reforço positivo", "Ouvir".
O que estamos trabalhando: linguagem oral, flexibilidade cognitiva.

a) Mapa mental

- Entregar um mapa mental pronto com desenhos e pedir para que construam uma história por meio de uma música escolhida pelo profissional.

Instrução do mapa mental com desenhos

- Vou entregar uma folha com o mapa mental que vocês já conhecem. Reservem, pois será utilizada na próxima sessão.
- Vocês vão criar uma história com a música que ouvirem agora (profissional escolhe a música). Podem escrever ou apenas verbalizar.

b) Linguagem oral

- "Quem conta um conto aumenta um ponto." Uma criança começa a contar uma história e as outras vão dando sequência, utilizando os desenhos do mapa.

> **Instrução do Quem conta um conto aumenta um ponto**
>
> - O que vamos fazer? Vocês vão utilizar estes símbolos (do mapa mental) para iniciar uma história.
>
> **Exemplo:** Tem um símbolo de uma praia (hipotético), então alguém começa dizendo: "Era uma vez uma praia..." Em seguida o colega ao lado continua a história, utilizando outra imagem e assim por diante.
> - Não tem relação com a história que contaram anteriormente. Agora vocês vão construir juntos uma história.

Feedback (placa "Compartilhar"): O que acharam desta atividade? O que vocês acreditam que aprenderam aqui? O que mais?

c) Sinal movimento/atenção para ouvir

- São definidas palavras e movimentos a serem feitos concomitantemente..

Exemplo: Sempre que eu disser "suspiro", vocês têm que fazer um movimento, qual vai ser? (Soprar.) Sempre que eu disser "chocolate", outro movimento (mastigar). Quando eu fizer o miado de um gato, outro movimento (bater palmas). Caso seja dita outra palavra que não as combinadas, não devem fazer nada (falar palavras distratoras entre os estímulos reais).

- Os que errarem vão pegar uma carta com várias emoções e imitar (rir, chorar, etc).
- Depois começar novamente, mudando os comandos. Sugestão: bater pés; pular e tocar a mão no chão.
  (10 minutos em média.)

Instrução do Sinal movimento/atenção para ouvir

- Nesta atividade, faremos várias coisas ao mesmo tempo. Primeiro vamos combinar uma coisa, os sinais e os movimentos que nós vamos usar dependendo do estímulo que surgir.
- Então, sempre que eu disser "suspiro", vocês têm que fazer um movimento, qual vai ser? (Soprar.)
- Sempre que eu disser "chocolate", outro movimento (mastigar).
- Quando ouvirem o miado do gato, outro movimento (bater palmas).
- Para aqueles que errarem, vão pegar uma carta com várias emoções e terão que imitar (rir, chorar, etc).
- Mas prestem bem atenção, pois posso falar palavras que não têm relação com as que combinamos. Aí não façam nada.

(Tempo da tarefa: 10 minutos.)

Compartilhar

Feedback (placa "Compartilhar"): Esta foi nossa última atividade. Vamos conversar a respeito? Dentre todas, de qual mais gostaram? Por quê? De qual menos gostaram? Por quê?

REFERÊNCIAS BIBLIOGRÁFICAS

1. Robbins TW, Weinberger D, Taylor JG, Morris RG. Dissociating executive functions of the prefrontal cortex (and discussion). Philosofical Transactions: Bio Sci. 1996;351(1346):1463-71.
2. Barkley R. The executive functions and self-regulation: an evolutionary neuropsychological perspective. Neuropsychol Rev. 2011;11(1):1-29.
3. Romine CB, Reynolds CR. A model of the development of frontal lobe functioning: findings from a meta-analysis. Applied Neuropsychology. 2005;12(4):190-201.
4. Johnson MH. Executive function and developmental disorders: The flip side of the coin. Trends in Cognitive Sciences. 2012;16(9):454-7.
5. Diamond A. Executive functions. Ann RePsychology. 2013;64:135-68.
6. Garon N, Bryson SE, Smith IM. Executive function in preschoolers: a review using an integrative framework, vol. 134. American Psychological Association; 2008
7. Malloy-Diniz LF,Cardoso-Martins C, Carneiro KC, Cerqueira MMM, Ferreira APA, Aguiar MJB, Starling AL. Funções executivas em crianças fenilcetonúricas: variações em relação ao nível de fenilalanina. Arquivos de Neuro-Psiquiatria. 2004;62(2b),473-9.
8. Diamond A, Lee K. Interventions shown to aid executive function development in children 4-12 years old. Article Science. 2011.
9. Blair C, Diamond A. Biological processes in prevention and intervention: the promotion of self-regulation as a means of preventing school failure. Development and Psychopathology. 2008;20:899-911.
10. Baddeley A. The episodic buffer: a new componente of working memory? Trends in Cognitive Sciences. 2000;4(11):417-23.
11. Baddeley AD, Hitch GJ. Developments in the concept of working memory. Neuropsychology. 1994;8(4):485-93.
12. Alloway TP, Alloway RG. Working memory: the connected intelligence. New York: Taylor & Francis; 2013.
13. Oliveira CR, Rodrigues JC, Fonseca RP. O uso de instrumentos neuropsicológicos na avaliação de dificuldades de aprendizagem. Rev. psicopedag. [online]. 2009;26(79):65-76.

14. Meltzer L. Promoting executive function in the classroom. New York: Guilford Press; 2010.
15. Buzan T. Mapas mentais e sua elaboração. São Paulo: Cultrix; 2005.
16. Carreiro LRR, Reppold CT, Córdova EM, Vieira NSA, Mello CB. Funções executivas e transtornos do desenvolvimento. In: Seabra AG, Laros JA, Macedo EC, Abreu N. Inteligência e funções executivas: avanços e desafios para a avaliação neuropsicológica. São Paulo: Memnon; 2014. p. 113-40.
17. Corso HV, Sperb TM, de Jou GI, Salles JF. Metacognição e funções executivas; relações entre conceitos e implicações para a aprendizagem. Psicologia: Teoria e Pesquisa. 2013;29(1):21-9.
18. D'alcante CC, Covre P. Para que as funções executivas? Qual a relação com a aprendizagem? Implicações na vida do aluno. In: Pantano T, Rocca CCA. Como se estuda? Como se aprende? São José dos Campos: Pulso Editorial; 2015. p. 197-207.
19. Fleitlich-Bilyk B, Rodrigues da Cunha G, Estanislau GM, Rosário MC. Saúde e transtornos mentais. In: Estanislau GM, Bressan RF. Saúde mental na escola – O que os educadores devem saber. Porto Alegre: Artmed; 2014. p. 25-33.
20. Locascio G, Mahone ME, Eason SH, Cutting LE. Executive dysfunction among children with reading comprehension deficits. Nathional Institutes Health. J Learn Disabil. 2010;43(5):441-54.
21. Malloy-Diniz LF, Fuentes D, Borges Leite W, Sedó M. Neuropsicologia das funções executivas e da atenção. In: Fuentes D, Malloy-Diniz L, Pires de Camargo CH, M. Cosenza R. Neuropsicologia: teoria e prática. Porto Alegre: Artmed; 2014. p. 115-38.
22. Mourão Junior CA, Melo LBR. Integração de três conceitos: função executiva, memória de trabalho e aprendizado. Psicologia: Teoria e Pesquisa. 2011;27(3):309-14.
23. Pergher NK, Colombini F, Samelo MJ, Modenesi R, Angelo H. Planejamento, organização e flexibilidade mental. In: Pantano T, Rocca CCA. Como se estuda? Como se aprende? São José dos Campos: Pulso Editorial; 2015. p. 197-207.
24. Ribeiro C. Metacognição: um apoio ao processo de aprendizagem. Psicologia, Reflexão e Crítica. 2003;16(1):109-16.
25. Richland LE, Burchinal MR. Early executive function predicts reasoning development. Psy chological Science. 2013;24(1):87-92.
26. Seabra GA, Menezes A, Dias NM. Alterações das funções executivas em crianças e adolescentes. Estudos Interdisciplinares em Psicologia, Londrina. 2010;1:80-95.
27. Uehara E, Mata F, Charchat Fichman H, Malloy-Diniz LF. Funções executivas na infância. In: Fumagalli de Salles J, Haase VG, Malloy-Diniz LF. Neuropsicologia do desenvolvimento. Porto Alegre: Artmed; 2016. p. 17-27.
28. Vizzotto ADB, Sato FM. Espaço e organização no cotidiano – começando no dia a dia e chegando ao ambiente escolar – tudo começa em casa. In: Pantano T, Rocca CCA. Como se estuda? Como se aprende? São José dos Campos: Pulso Editorial; 2015. p. 197-207.

ADOLESCENTES

MÓDULO II

INTRODUÇÃO

O grande desafio para os adolescentes é sem dúvida nenhuma integrar o conhecimento cognitivo e emocional desenvolvido durante a infância e a puberdade com as capacidades de planejamento, organização, controle de impulsos e flexibilidade mental por meio de capacidades mais abstratas e mentais. Ou seja, é reunir o mundo externo concreto recém-construído com um mundo interno e abstrato que possa permitir antecipar, flexibilizar e planejar ações e comportamentos com vistas a perspectivas futuras.

Essas capacidades estão diretamente relacionadas a possibilidade de controle, planejamento emocional e cognitivo e com certeza torna-se uma tarefa árdua no mundo atual. Afinal, o próprio conceito de adolescência é um conceito cultural que, ao contrário da puberdade, em que existem marcadores biológicos e hormonais, não é reconhecido em muitas culturas.

O cérebro nessa etapa passa por grandes e profundas modificações, porém o corpo físico já não reflete de forma tão intensa essas mudanças. Quando se entende que se trata de um período com grandes transformações no funcionamento cerebral, entende-se a dinâmica social que se construiu ao redor da adolescência sendo reconhecida principalmente por meio de seus aspectos emocionais. Contudo, os aspectos cognitivos também devem ser destaque nesse período, já que o controle e a consciência das emoções envolvem o autoconhecimento e a autopercepção de fundo essencialmente cognitivo.

Dessa forma, torna-se necessária a orientação constante e ao mesmo tempo o direcionamento de suas condutas, provocando a reflexão e a autonomia necessárias para a tomada de decisões e a apropriação das situações de vida que levarão o adolescente para a vida adulta.

Os adolescentes pensam e sentem como os adultos, entretanto, não têm ainda experiências que permitam a formação de memórias de longo prazo suficientes para organizar e planejar suas ações, sendo, portanto, impulsivos cognitiva e emocionalmente. A explicação é neurobiológica: algumas regiões cerebrais responsáveis pela autorregulação, que envolvem as funções executivas, amadurecem mais tardiamente.

Ocorre uma mudança estrutural do cérebro, em que são selecionadas as rotas neurais mais utilizadas e encerram-se as menos utilizadas por meio de um processo natural e necessário. A massa branca aumenta, devido ao aumento da mielina, principalmente em regiões pré-frontais e parietais, permitindo o aumento de habilidades relacionadas a socialização, emoção e autonomia em vida prática.

A estimulação das funções executivas contribui para que o processo cerebral de seleção de vias neuronais, assim como a estimulação e a integração dessas novas funções cerebrais, possa permitir o automonitoramento e o autocontrole das emoções e do comportamento, principalmente relacionados a recursos linguísticos e a situações de aprendizagem.

As funções executivas envolvem várias habilidades como automonitoramento, planejamento, resolução de problemas, tomada de decisão, flexibilidade mental, autorregulação, controle inibitório e memória operacional. Quanto mais estimuladas tais habilidades, maior a possibilidade de melhoras funcionais dessas funções, caso não haja patologias ou transtornos envolvidos.

No que se refere à aprendizagem acadêmica, percebe-se uma gama de habilidades a serem desenvolvidas, que estão relacionadas à disponibilidade dos adolescentes em se organizar e adquirir métodos de estudo eficazes. Para que possam obter sucesso no meio acadêmico, visto que a demanda e a exigência abarcadas nos currículos estão bem maiores, torna-se necessário requisitar estratégias mais sofisticadas e organizadas para a obtenção de conteúdo com significado e funcionalidade.

Os métodos práticos para organização de estudo, além de facilitarem o dia a dia, trazem o benefício no manejo do tempo. Sendo assim, os recursos neurocognitivos, emocionais e comportamentais colaboram para que eles possam administrar e ampliar o seu desempenho acadêmico, facilitando assim a aprendizagem.

FINALIDADE DO PROGRAMA

Este programa tem o intuito de fornecer aos adolescentes entre 11 e 16 anos instrumentos e estratégias para que possam conquistar maior autonomia, consciência e domínio no que se refere à rotina diária escolar, desenvolvendo métodos eficazes para memorização do conteúdo, como também no desenvolvimento de domínios específicos das funções executivas, envolvendo planejamento, memória operacional, resolução de problemas, flexibilidade mental, abstração, automonitoramento e controle inibitório.

Todas as atividades foram embasadas respeitando-se o desenvolvimento do cérebro do adolescente, não extrapolando seu entendimento e promovendo a motivação e os interesses necessários para a aquisição de conhecimentos e estratégias.

O objetivo principal é estimulá-los positivamente, para que tenham consciência da importância de cada evento oferecido, desde a organização dos seus materiais, que vai facilitar o seu dia a dia, principalmente em relação ao tempo, além de colaborar para ter bem definido um objetivo, ajudando o próprio cérebro a focar adequadamente na tarefa em questão.

Os métodos de estudo utilizando-se mapas mentais favorecem a aprendizagem, tornando-a mais eficaz e dinâmica. A estimulação realizada também envolve a capacidade de abstração, que se refere ao potencial criativo e de ampliação do pensamento, assim como a memória operacional, responsável pela manipulação da informação, e a flexibilidade mental, sendo de extrema importância para a aprendizagem.

No decorrer deste trabalho, as propostas foram elaboradas de forma a propiciar o automonitoramento em suas atividades. Dessa forma, o aluno deve saber com clareza o que deve ser feito e quais os objetivos de cada tarefa. É essa a compreensão propiciada e estimulada constantemente por meio da linguagem pelo profissional, que permite ao adolescente o controle de estratégias e o automonitoramento necessários para o desenvolvimento de estratégias metacognitivas.

Na finalização de todas as tarefas deve ser discutido o que foi realizado, encerrando a atividade de maneira que o adolescente se aproprie do que foi feito, evitando, com isso, que seja mais uma tarefa que ele tenha que cumprir de maneira obrigatória, totalmente inconsciente do objetivo em pauta e o que está envolvido.

Estas doze sessões sugeridas inicialmente podem ser duplicadas, sendo que o condutor tem a opção de retomar o trabalho a partir da segunda sessão.

Quanto mais o adolescente aprende a flexibilizar mentalmente, buscando alternativas para um problema em específico, ampliando a capacidade criativa e estratégica de possibilidades, autorregulando-se emocionalmente, controlando o seu comportamento diante possível frustração sem desistir do seu desafio, maior o sucesso escolar, social e de aprendizagem.

FUNÇÕES EXECUTIVAS E SEU DESENVOLVIMENTO

As funções executivas, conceitualmente, referem-se a um conjunto de processos cognitivos e metacognitivos que permitem ao indivíduo exercer controle e regular tanto seu comportamento diante das exigências e demandas ambientais quanto todo o processamento de informação, possibilitando seu engajamento em comportamentos adaptativos, auto-organizados e direcionados a metas[1-3].

Para que haja sucesso em sua empreitada, o adolescente deve definir um objetivo, estipulando metas específicas para alcançá-lo de forma organizada e eficaz, com planejamento adequado. Com isso, deve automonitorar o seu projeto executado, de forma a identificar o que está dando certo, descartando ou encontrando outras estratégias para o que não está dentro do esperado, sem perder o foco do seu objetivo.

Em sua estrutura neurobiológica, as funções executivas são mediadas pelo córtex pré-frontal, sendo a base neural, entretanto tais regiões neurais fazem parte de complexos circuitos que envolvem outras regiões encefálicas, incluindo estruturas subcorticais como os núcleos da base e o tálamo, bem como o cerebelo.

Diferentes circuitos frontoestriatais parecem estar relacionados a modalidades específicas das funções executivas, para as quais Brandshaw sugere a existência de cinco circuitos frontossubcorticais, sendo eles o circuito motor, o oculomotor, o dorsolateral, o orbitofrontal e o do cíngulo anterior.

Zelazo e Muller[4] sugerem a existência de funções executivas quentes (córtex pré-frontal orbitofrontal), mais relacionadas ao processamento emocional e motivacional (incluindo processos como tomada de decisão, cognição social e teoria da mente), e funções executivas frias (córtex pré-frontal dorsolateral), mais relacionadas a processos predominantemente cognitivos (incluindo categorização, flexibilidade cognitiva, fluência verbal, entre outras).

Há três funções executivas nucleares, sendo a memória operacional, o controle inibitório e a flexibilidade cognitiva, que atuariam como base para o desempenho de funções executivas mais complexas como solução de problemas, planejamento e raciocínio abstrato[5]. Evidências apontam que o córtex pré-frontal, região encefálica responsável por essas habilidades, amadurece progressivamente durante o desenvolvimento, alcançando funcionalidade plena usualmente não antes da idade adulta jovem[6]. Parecem melhorar sequencialmente ao longo dos anos: entre o nascimento e os 2 anos de idade, dos 7 aos 9 anos e no fim da adolescência, entre 16 e 19 anos de idade.

No período de 9 a 12 anos, há um aumento na capacidade e na eficiência da memória operacional, tornando-se menos sensível a interferências. O pensamento estratégico, a resolução de problemas e a fluência verbal apresentam um desenvolvimento constante a partir dos 12 anos. As crianças são capazes de demonstrar autocontrole, controle dos afetos, controle da motivação e do bem-estar[7].

Garon, Bryson e Smith[8] sugerem que os componentes das funções executivas surgem em sequência ao longo dos anos escolares, de forma que a memória operacional aparece primeiro, seguida da capacidade de inibição que, juntas, permitem o desenvolvimento da flexibilidade cognitiva.

Dessa forma, as regiões frontais do cérebro que determinam as chamadas funções executivas, ou seja, a capacidade de planejamento, o autocontrole e o raciocínio, amadurecem mais tarde do que as áreas posteriores do cérebro, como as que determinam as funções sensório-motoras. Evolutivamente, parece ser importante que as funções básicas como a regulação sensorial e motora estejam bem afinadas para que processos cognitivos mais complexos possam ocorrer em sua plenitude.

Esse fenômeno é bastante conveniente para a vida escolar, na qual habilidades básicas vão possibilitando aquisições cada vez mais apuradas. Nesse aspecto, caso a criança não tenha adquirido habilidades básicas, dificilmente desenvolverá adequadamente domínios específicos referentes às funções executivas.

A importância das habilidades executivas para a adaptação da criança ao ambiente escolar está relacionada às habilidades de postergação da gratificação, já que desde os anos pré-escolares depara-se com decisões que envolvem a consideração de circunstâncias futuras[8], que ocorre entre os 3 e 4 anos de idade. Nessa fase, desenvolvem-se medidas de controle inibitório, memória operacional, habilidades de postergação de gratificação e atenção sustentada[9].

Conforme salientado por Barkley[10], o desenvolvimento das funções executivas é um importante marco adaptativo na espécie humana, estando relacionado a alguns componentes universais de sua natureza, como o altruísmo recíproco, a formação de coalizões, a capacidade de imitar e aprender com a observação do comportamento alheio, o uso de ferramentas, as habilidades comunicativas e a capacidade de lidar com grupos, resguardando-se de suas influências e manipulações.

FUNÇÕES EXECUTIVAS E TRANSTORNOS DO DESENVOLVIMENTO

Grande parte do interesse no desenvolvimento inicial das funções executivas deve-se aos achados de diversas pesquisas, que mostram que vários transtornos com início na infância (p. ex., autismo, transtorno de oposição desafiante) são caracterizados por déficits em diferentes componentes das funções executivas[11]. Dessa forma, a identificação de déficits executivos ainda na idade pré-escolar é útil para a estruturação de programas de intervenção dessas funções[5].

Quando se fala de transtornos, estes ocorrem devido a pequenas falhas no desenvolvimento psicológico, social ou cognitivo, prejudicando a capacidade adaptativa da criança e do adolescente. Podem acontecer por questões biológicas, genéticas, psicológicas, sociais e ambientais.

Eventos diários e corriqueiros, principalmente vinculados à escola, podem se tornar grandes desafios. Os principais problemas percebidos na sala de aula são alterações de comportamento e dificuldade de aprendizagem. Essas duas situações se relacionam, visto que uma criança ou adolescente que não são capazes de acompanhar o conteúdo têm maior tendência a se tornarem dispersos e propensos a desenvolver comportamentos inadequados.

O inverso também ocorre com frequência, quando crianças e adolescentes que apresentam problemas de comportamento têm maior dificuldade de absorver o conteúdo exposto e desempenho abaixo do esperado para a idade. Muitas vezes a família, como os pais ou cuidadores diretos, não conseguem ajudá-los. Eles buscam várias alternativas para corrigir ou alterar o comportamento, geralmente sem sucesso, pois essas crianças necessitam de um trabalho diferenciado, individualizado, com capacidade de manejo, sendo necessária a ajuda de uma equipe multidisciplinar.

Dependendo do caso, é preciso uma equipe multidisciplinar para auxiliar no desenvolvimento mais eficaz dessas crianças e adolescentes. O prejuízo pode envolver aprendizagem e defasagem acadêmica, principalmente pela dificuldade em se manterem atentos às demandas ambientais, assim como por exibirem menor nível de tolerância, frustrando-se facilmente. Quanto mais tarde estimuladas as habilidades pouco desenvolvidas, pior seu desempenho e desenvolvimento.

A inflexibilidade cognitiva pode resultar em comportamentos geralmente estereotipados, perseverativos, em que o sujeito se torna rígido, inflexível e pouco adaptável. Lezak et al.[2] comentam que a eficácia do desempenho está relacionada à capacidade de o sujeito se autocorrigir, automonitorar, autorregular e sobretudo considerar a dimensão temporal das ações para a conclusão da tarefa realizada.

METACOGNIÇÃO

A metacognição refere-se ao conhecimento, em refletir sobre o que se aprende, permitindo desenvolver crítica e elaboração de novas estratégias para maximizar e qualificar a aprendizagem.

Ao refletir sobre o próprio pensar e fazer, analisando e avaliando ações previamente pensadas e realizadas, podem-se rever decisões e alterá-las em busca do melhor resultado para os esforços. Essa reflexão sobre as próprias ações, que leva ao conhecimento dos processos cognitivos, é possivelmente a habilidade de controlá-las e torná-las mais eficientes.

Analisar diferentes estratégias para enfrentar situações problema, planejar e conduzir investigações, comunicar resultados ou fazer outras coisas ajuda a perceber a maneira adequada de realizar determinada tarefa. Com isso, caminha-se em direção a melhores resultados das próprias ações.

Existem muitos programas responsáveis pelo desenvolvimento das funções executivas em crianças na idade escolar, sendo verificado que ensinar o uso de estratégias para organização, priorização, manejo de tempo, planejamento, como controlar o comportamento, entre outros, tem impacto importante sobre o desempenho escolar e, além disso, sobre a autopercepção de competência dos estudantes envolvendo principalmente a metacognição[12].

MEMÓRIA OPERACIONAL

A memória operacional refere-se à habilidade de sustentar a informação em mente por tempo limitado, enquanto a utiliza para solução de algum problema, atualiza informações necessárias a uma atividade ou realiza outra tarefa. Permite, ainda, a manipulação mental da informação, possibilitando ao indivíduo relacionar ideias, integrar informações presentes, compreensão da linguagem com outras armazenadas na memória de longo prazo, lembrar sequências ou ordens de acontecimentos, projetar sequências de ações no futuro, entre outras[5,13].

O modelo de memória operacional[14] proporcionou uma nova perspectiva ao armazenamento/gerenciamento temporário de informações. Dessa forma, a concepção da memória operacional única e singular dá lugar à noção de um sistema constituído por vários componentes.

Nesse modelo, a memória operacional é definida como um sistema de capacidade limitada que permite o armazenamento temporário e a manipulação de informações necessárias em tarefas complexas – como a aprendizagem, a compreensão da linguagem, o raciocínio e a produção da própria consciência. Em seu modelo[14], a memória operacional era considerada um sistema formado por três componentes: o executivo central, que atuaria como controlador atencional e regulador dos processos cognitivos, e dois subsistemas auxiliares, especializados no processamento e na manipulação de quantidades limitadas de informações específicas – a alça fonológica e o esboço visuoespacial.

Em 2000, Baddeley[13] ampliou o modelo, acrescentando um quarto componente: o retentor episódico, responsável pela integração das informações mantidas temporariamente na memória operacional com aquelas provenientes dos sistemas de longo prazo, em uma representação episódica única. Entretanto, é o executivo central que oferece um arcabouço conceitual para descrever os processos executivos de gerenciamento informacional.

Existem evidências de que diversos componentes das funções executivas estão relacionados ao desempenho escolar, entretanto, existe uma gama de estudos destacando a memória operacional. Ela é uma medida relativamente pura do potencial de aprendizagem e da capacidade de aprender da criança[15]. É fundamental na aquisição das habilidades de leitura e escrita, segundo revisão de Oliveira et al.[16], primordial ao aprendizado, sendo, dentre as funções cognitivas, uma das mais examinadas na avaliação da aprendizagem.

A aprendizagem é reduzida ou mais lenta quando a capacidade de memória operacional está comprometida, acarretando sobrecarga de informações. Crianças com limitada habilidade de memória operacional frequentemente não acertam as etapas em tarefas complexas, por não serem capazes de manter um bom automonitoramento, assim como se perdem nas informações sequenciais e procedimentos, levando-as frequentemente a abandonar as tarefas antes de completá-las. Geralmente necessitam da repetição da informação para adquirirem maior número de itens a serem armazenados.

AUTOMONITORAMENTO, CONTROLE INIBITÓRIO E AUTORREGULAÇÃO

A inibição ou controle inibitório é a habilidade para inibir ou controlar respostas impulsivas (ou automáticas); inibir respostas prepotentes ou respostas a estímulos distratores que interrompam o curso eficaz de uma ação, ou ainda a interrupção de respostas que estejam em curso.

Há evidências de que crianças e adolescentes com as funções executivas pouco estimuladas apresentam dificuldades para prestar atenção à aula, completar trabalhos e inibir comportamentos impulsivos.

A autorregulação emocional é necessária para uma atenção eficaz e maior aprendizagem.

O comportamento com propósito alude a atividades programadas e, sobretudo, consoantes ao objetivo almejado. Funções como a capacidade em iniciar a atividade e mantê-la, alterar seu curso (flexibilidade) ou mesmo interromper sequências de comportamento (inibição de respostas) são fundamentais para a conversão de uma intenção ou plano em uma atividade produtiva. Todas essas operações são constantes e incessantemente submetidas a um sistema de automonitoramento.

MAPAS MENTAIS

O mapa mental é um esquema que se elabora para representar ideias, tarefas ou outros conceitos que se encontram relacionados com uma palavra-chave ou uma ideia central.

É uma ferramenta para organizar o pensamento, sendo a forma mais fácil e eficaz de introduzir e de extrair informações do cérebro, pelo fato de conter elementos verbais e visuais.

A técnica desse tipo de mapa foi desenvolvida pelo britânico Tony Buzan, concluindo que, ao utilizar um mapa mental, produz-se uma ligação entre os hemisférios cerebrais, facilitando a fixação da informação.

Eles podem ser criados de várias formas, sendo colocada a ideia principal no meio e outras palavras chave em seu entorno, que a partir do momento em que se olha para o mapa, identifica-se a informação a ser recordada.

Podem ser em formato de árvore ou aranha, utilizando palavras, símbolos, cores e desenhos.

ESTRUTURA E UTILIZAÇÃO DO PROGRAMA

Este Programa é composto de 12 sessões, distribuídas para serem efetuadas uma vez por semana com o adolescente de 11 a 16 anos. Sugere-se que seja utilizado individualmente ou em grupo de até quatro adolescentes, para um trabalho eficaz.

Não há restrição quanto à idade para a construção do grupo, entretanto, construir grupos com adolescentes de idades próximas seria mais adequado.

As tarefas são distribuídas em dinâmicas variadas. Em um primeiro momento os participantes serão conduzidos à aprendizagem de estratégias que visem à organização do material escolar e da sua rotina diária, para que depois sejam desenvolvidas as atividades propostas.

Caso sejam inseridos novos membros durante o processo, sugere-se realizar a primeira sessão separadamente, para depois o adolescente iniciar com o grupo já em andamento.

COMO UTILIZAR O MATERIAL

- ✓ Para facilitar o manuseio do material, todas as sessões terão fichas de instrução (disponíveis para *download*).
- ✓ Os *slides* coloridos (pranchas) e as fichas de instrução em formato PDF para uso nas sessões de atendimento estão disponíveis em uma plataforma digital exclusiva:

https://conteudo-manole.com.br/cadastro/funcoes-executivas-aprendizado-2aedicao

- ✓ Para ingressar no ambiente virtual, utilize o QR code abaixo, digite a senha/voucher **atividades** e faça seu cadastro.

- ✓ O acesso a esse material limita-se à vigência desta edição.

COMO ORGANIZAR-SE NA SESSÃO

✓ Devem ser disponibilizadas folhas em branco que serão utilizadas em várias sessões.

LISTA DE MATERIAIS ANEXOS

- Fichas de instrução para pais, calendários, bloco de anotações
- Fichas de instrução para o aplicador
- Baralho das ideias
- Baralho de detetive
- Baralho dos mapas mentais
- Baralho das palavras invertidas
- Baralho das palavras coloridas
- 1 cartão com resolução de problemas
- Cartões "Problemas diários"
- Baralho das cores
- Cartão "Código secreto"
- Folhas com atividade dos mapas mentais
- Cartão de identificação para distribuição do conjunto de letras

SESSÃO I

Organização do material, local de estudo e rotina escolar

Material: calendário diário, quadro de rotinas
O que estamos trabalhando: planejamento, organização, e automonitoramento.

- A primeira sessão inicia-se com os adolescentes e os pais. Os materiais escolares devem ser trazidos para determinar estratégias de organização dos materiais e da agenda de estudo.

👤 Apresentação

- Primeiramente vamos nos apresentar, falando o nome, série, escola em que estudam e o que acham que estamos fazendo aqui.
- Eu vou contar a vocês sobre o que vamos fazer aqui. (Falar sobre a organização para estudar no dia a dia, do trabalho da memória operacional, resolução de problemas, flexibilidade mental, mapas mentais e como vão iniciar e finalizar as sessões.) Sanar todas as dúvidas que surgirem.
- Agora vou mostrar a vocês os calendários diários que serão utilizados para poderem se organizar em seus estudos. Se por acaso algum de vocês já utilizarem, não tem problema. Vamos ver como funciona do mesmo jeito.
- Vou distribuir calendários diários e pedir para que coloquem o nome de vocês e se familiarizem com o material.
- Estes calendários, sendo o diário e o quadro de rotinas, serão preenchidos por vocês agora. Depois, podemos fazer alguns acertos com os seus pais.

MÓDULO II • ADOLESCENTES • SESSÃO I 93

Mas gostaria que colocassem tudo o que fazem nestes painéis. Gostaria também que os deixassem personalizados, ou seja, com a cara de vocês. Uma marca, um adesivo, o que quiserem (estes materiais podem ser disponibilizados, entretanto são opcionais do aplicador).

- Pensem também nos registros, se coloridos ou não, com etiquetas, como gostariam de registrar.
- Vou dar uma sugestão a vocês, vejam o que acham: cada dia da semana terá uma cor e os livros das disciplinas terão na sua brochura uma etiqueta com aquela cor. Livros ou cadernos que precisam ser levados mais de um dia da semana terão mais de uma etiqueta. Podemos fazer diferente. Alguém tem outra sugestão?
- Estes quadros devem ficar expostos no local de estudo, ou no quarto, de forma que o visualizem com facilidade sempre que necessitarem. Pode ser atrás da porta, por exemplo.
- Assim que finalizarem uma tarefa, façam alguma marca no quadro de rotinas, para mostrar que já terminaram.
- Essas anotações ou alterações devem ser diárias, ou seja, confiram todos os dias atualizando os quadros.
- Vocês vão ver como ficará mais fácil para poderem acompanhar seus estudos, provas, trabalhos, seminários; sempre observando outros compromissos, se organizando de uma forma tranquila e sem "surpresas".
- Alguns de vocês podem preferir utilizar o celular para isso, mas seria importante que evitassem, devido aos atrativos existentes, deixando-os menos focados no que é importante, provocando erros nas anotações.

Orientação aos pais

- A rotina deve ser registrada diariamente, envolvendo todas as atividades escolares, assim como eventos familiares e compromissos em geral, com o intuito de o adolescente se organizar da melhor forma possível.
- Sempre que terminar uma tarefa, devem rever se tudo foi feito, cancelando, então, no seu calendário geral e diário.
- O espaço físico de trabalho deve ser um local sem ruídos ou distratores, para que o adolescente possa ter maior domínio atencional à tarefa. A mesa e a cadeira devem ser adequadas, evitando que faça a lição no chão, no sofá ou em outro local em que não consiga organizar o material escolar.
- Estabelecendo uma rotina: é importante que o adolescente tenha um horário fixo para estudar, pois assim já é estabelecido um padrão mental, facilitando que fique voltado para aquela atividade, sabendo que não terá outra coisa para fazer a não ser estudar.
- Mesmo nos dias em que não tenha lição, sugere-se que realize alguma atividade referente, como ler um livro, por exemplo.
- Nunca fazer a tarefa sem estar devidamente alimentado ou logo após chegar da escola, devendo primeiramente descansar.
- Os pais ou aqueles que o auxiliam no momento da lição devem evitar críticas negativas, para não tornar o evento continuamente estressante.
- Alguns passos indicados acima não são fáceis de ser cumpridos, muitas vezes pelo fato de o adolescente ficar sozinho em casa ou por outros motivos. No entanto, para que haja melhor resultado, é importante que os pais encontrem outras soluções para que sigam essa rotina.

- Uma delas seria a checagem junto ao adolescente, para verificar se ele cumpriu as tarefas e organizou seu material de acordo. Caso os pais tenham dúvidas, podem acessar as informações no site da escola, deixando claro que não haverá "brechas" e que eles estão no controle.
- Deve-se evitar que esse controle diário seja realizado no celular, devido aos atrativos existentes, podendo tirá-los do objetivo, assim como provocando possíveis erros de anotação.

SESSÃO 2

Baralho das palavras invertidas, baralho das palavras coloridas, resolução de problemas

Material: 1 jogo de cartas contendo palavras invertidas, 1 jogo de cartas contendo palavras coloridas, um cartão problema, cronômetro.
O que estamos trabalhando: memória operacional, controle inibitório, flexibilidade cognitiva, automonitoramento e resolução de problemas.

a) Baralho das palavras invertidas

- Nesta tarefa serão apresentadas cartas contendo palavras que serão distribuídas por igual para os adolescentes. Escolhe-se quem inicia e os demais à sua esquerda dão sequência. As cartas devem ficar viradas para baixo.
- Primeira etapa: as palavras são colocadas rapidamente na mesa, fazendo um monte, cada um na sua vez. Quando aparecer uma carta contendo uma palavra invertida, a pessoa da vez deve falar que palavra é aquela. Por exemplo: *zurtseva – avestruz*. Caso não consiga, leva o monte. O jogo termina quando acabarem as cartas do monte e ganha quem zerar suas cartas. Parte-se então para a segunda etapa.
- A terapeuta vai controlando os segundos no cronômetro. O tempo de cada um deve ser estipulado por ela, conforme o seu público (5 ou 10 segundos).
- Segunda etapa: fazer o mesmo procedimento da primeira etapa, porém eles deverão inverter as palavras corretas. Por exemplo: *troca – acort*.

Observação: este tempo pode ser alterado, caso o grupo responda com facilidade aos 10 segundos, diminuindo para 5 segundos.

Instrução do baralho das palavras invertidas

Fase 1

- Vocês estão vendo estas cartas?
- Vou dividir este maço de cartas por igual para cada um de vocês, que devem deixar à sua frente, de forma que fique fácil para poderem manipular este material. As cartas devem ficar viradas para baixo e vocês só vão visualizar quando virarem já no monte, que será formado aqui no meio.
- Primeiro vamos sortear para ver quem começa, quem é o segundo e assim por diante.
- Nestas cartas existem várias palavras corretas, entretanto, sempre que aparecer uma palavra invertida vocês devem falar qual a palavra correta. Somente quando aparecer a palavra invertida. As demais são ignoradas. Por exemplo: *zurtseva– avestruz.*
- Os colegas vão contar até 10 (segundos), ou o controle será feito pela terapeuta com cronômetro. Será o tempo que cada um terá para conseguir verbalizar a palavra. (Se o grupo for muito bom, esse tempo pode ser diminuído para 5.)
- Quem errar, pega todo o monte. Ganha quem terminar o seu monte. Os outros continuam até sobrar um.

Fase 2

- Agora vamos para a segunda etapa. Vou embaralhar as cartas novamente e distribuí-las. Vamos fazer o mesmo esquema do jogo anterior só que agora vocês vão prestar atenção nas palavras normais, pois quando aparecerem, deverão invertê-las. Um exemplo: *troca – acort.* Só as palavras normais! Não esqueçam.

b) Baralho das palavras coloridas

- Cada sujeito escolhe uma cor. As cartas são distribuídas por igual e cada um vai dispor uma carta na mesa, na sua vez. Sempre que aparecer uma palavra na cor escolhida, terá que criar uma frase engraçada com aquela palavra.
- Ao terminar, devem anotar as frases e depois fazer uma votação das que consideraram mais engraçadas. Aquelas que não foram escolhidas podem ser reformuladas.

Exemplo: Mariana escolheu a cor amarela, que saiu com a palavra vigarista. Ela cria então uma frase engraçada: "O vigarista caiu ladeira abaixo após tentar roubar a bicicleta da criança, pois tropeçou no próprio pé."

Instrução do baralho das palavras coloridas

Fase 1

- Esta atividade chama-se jogo das palavras coloridas. Eu tenho aqui comigo um monte com várias palavras coloridas. Quero que cada um de vocês escolha uma cor.
- O jogo funciona da seguinte forma: eu vou virar as cartas rapidamente na mesa e sempre que aparecer a cor que cada um escolheu, devem construir uma frase engraçada com a palavra.
- Após criarem a frase, devem anotar rapidamente na folha de vocês.
- Vamos então fazer uma votação das frases mais engraçadas. As que não foram escolhidas, vocês tentarão modificar em grupo. Vamos ver o que acontece?

Fase 2

- Agora vocês não vão anotar nada. Um de vocês vai criar uma frase qualquer, rapidamente, não muito longa, com aproximadamente 5 palavras. Em seguida o colega ao lado e assim sucessivamente. Após uma rodada, o amigo que está ao lado do primeiro a criar a frase deve lembrar o que o colega falou.

Exemplo: Maria criou a frase: "Os tubarões gostam do mar gelado."
João criou a frase: "O site nunca funciona de dia." Cesar criou a frase: "O dentista não era bom profissional." Maria deve lembrar-se da frase do João, João da frase de Cesar e Cesar da frase de Maria. Não é fácil, mas vamos tentar.

💡 HORA DO DESAFIO – Resolução de problemas

- Contém um cartão com uma imagem de ladrões tentando abrir uma porta.
- O grupo deve dizer, cada um na sua vez, o que eles acham que está acontecendo e o que vai acontecer depois.
- É importante estimular a criatividade dos membros e desafiá-los quando derem sugestões improváveis.
- Após terminarem, cada um criará uma situação problema, com ou sem imagem, para os colegas resolverem.

MÓDULO II • ADOLESCENTES • SESSÃO 2   101

Instrução da hora do desafio - Resolução de problemas

- Nesta atividade vocês tentarão resolver uma situação.
- Vou mostrar um cartão que terá uma imagem. Primeiramente vocês devem falar o que acham que está acontecendo nesta imagem.

(No cartão há uma imagem com ladrões tentando abrir uma porta.)
- Vamos lá, quero ouvir todos vocês.
- Agora quero sugestões de como resolver este problema, quais as possibilidades. Vamos criar várias.

(Estimular a criatividade dos membros e desafiá-los quando derem sugestões improváveis.)
- Gostaram? Então vamos criar outra? Mas vamos inventar uma? Com ou sem imagem, como preferirem. Quem vai criar uma situação problema?
- Agora vou pedir que cada um crie a sua história que tenha um problema para os colegas darem suas sugestões e resoluções. Quem começará?
- Vamos lá!

Compartilhar

Feedback: O que acharam desta atividade? O que vocês acreditam que aprenderam aqui? O que mais? Qual foi a tarefa de que cada um gostou mais? Por quê? Da qual gostou menos? Por quê?

SESSÃO 3

Jogo das categorias, enigmas, resolução de problemas

Material: folha de papel sulfite, jogo das categorias, cronômetro
O que estamos trabalhando: memória operacional, flexibilidade cognitiva, categorização.

a) Jogo das categorias

- Cada sujeito escolhe uma categoria de animais, transportes, alimentos, veículos, entre outros. Após escolherem, terão 1 minuto para escrever todos os nomes referentes à categoria escolhida por cada um. (Caso haja confusão, podem ser sorteadas.)
- Na segunda etapa, devem trocar de categoria e terão mais 1 minuto para escrever todas as palavras referentes à categoria escolhida.
- Na terceira etapa, cada um falará uma palavra da sua categoria. Exemplo: sorteia-se quem será o primeiro. Começa pela Camila, que escolheu a categoria de animais. Ela então fala o nome de um animal: "canguru". Em seguida, vem o próximo colega que fala outro animal, e assim por diante, até se esgotarem todas as possibilidades.
- Na quarta etapa, cada um escolhe uma categoria e deverá falar a palavra da categoria escolhida.

Exemplo: começa pela Camila, que escolheu comida; depois vem o José, que escolheu animal, a Sonia, que escolheu cidade; e assim por diante.

- Na quinta etapa, cada um escolhe uma categoria e, na sua vez, deve falar algo associado.

Exemplo: Camila escolheu a categoria de animais e quando for sua vez vai falar algo associado ao animal, "rabo". Vitor escolheu a categoria de alimentos e vai falar, na sua vez, "prato".

- Verificar a produção de cada um e a quantidade anotada.

Instrução do jogo das categorias

A. Vocês vão escolher uma categoria de animais, transportes, alimentos ou qualquer outra coisa que imaginarem. (Caso haja confusão, podem ser sorteadas.)
- Terão 1 minuto para escrever todos os nomes de que se recordam da categoria escolhida. Cada um escolhe uma, não pode repetir a do amigo.

B. Vamos trocar e escolher outra categoria. Vocês também terão 1 minuto para escrever tudo de que se recordam.

C. Agora nós vamos fazer um jogo. Cada um falará rapidamente uma palavra da categoria que escolher.
- Exemplo: sorteia-se quem será o primeiro. Começa pela Camila, que escolheu a categoria de animais. Ela então fala o nome de um animal: "canguru". Em seguida, vem o próximo colega que fala outro animal, e assim por diante, até se esgotarem todas as possibilidades.

D. Agora será mais dinâmico. Vocês terão que escolher uma categoria cada um e falar uma palavra referente a sua categoria.

Exemplo: começa pela Camila, que escolheu comida; depois vem o José, que escolheu animal, a Sonia, que escolheu cidade; e assim por diante.

A. Agora vamos sofisticar um pouco. Vocês vão escolher uma categoria, mas não vão falar nenhuma palavra de sua categoria e sim algo associado.

Exemplo: Camila escolheu a categoria de animais e quando for sua vez vai falar algo associado ao animal, "rabo". Vitor escolheu a categoria de alimentos e vai falar, na sua vez, "prato".

- Agora vamos compartilhar para ver quantas conseguiram escrever? Não é uma competição, vamos somente checar.

HORA DO DESAFIO – Enigma da palavra secreta

- Cada um vai escolher uma palavra, pegar cada letra dela e elaborar dicas para o colega descobrir o que está por trás dessa palavra. Por exemplo: viagem (palavra falsa) – mas a resposta correta é cruzeiro – dicas: v (vertigem); i (ilha); a (Austrália, Ásia); g (gostosuras, gastronomia, garçons); e (entretenimento); m (mar).
- Não há limite, podendo fazer quantas quiser, sendo que o orientador é quem decide, de acordo com o seu grupo.

Instrução da hora do desafio – Enigma da palavra secreta

- Vamos escolher uma palavra, mas por trás dela haverá outra. Vou explicar a vocês.
- Por exemplo: viagem (palavra falsa) – mas a resposta correta é cruzeiro – dicas: v (vertigem); i (ilha); a (Austrália, Ásia); g (gostosuras, gastronomia, garçons); e (entretenimento); m (mar).
- Cada um vai criar a sua. Vamos tentar? Depois vocês falam a palavra falsa para o colega e atribuem as dicas para que ele consiga decifrar qual a palavra correta.

HORA DO DESAFIO – Resolução de problemas

- Imaginar estar perdido em uma floresta durante uma trilha.
- Pensar em como sair daquele local. Escrever as possibilidades e depois compartilhar com o grupo.

Instrução da hora do desafio – Resolução de problemas

- Agora imagine que estão em uma mata fechada fazendo uma trilha, um lugar bem distante, sendo esse local com morro, rio e animais diversos.
- De repente você percebe que está perdido! O que faria para encontrar a saída?
- Cada um vai escrever como pensa em solucionar e depois vamos compartilhar.

Feedback (placa "Compartilhar"): O que acharam desta atividade? O que vocês acreditam que aprenderam aqui? O que mais? Qual foi a tarefa de que cada um gostou mais? Por quê? De qual gostou menos? Por quê?

SESSÃO 4

Baralho das ideias, baralho das palavras soltas e cartão problema

Material: folha de papel sulfite, palavras soltas, jogo de ideias, cartões de resolução de problema
O que estamos trabalhando: produção de texto, abstração, flexibilidade cognitiva e resolução de problemas.

a) Baralho das ideias

- Serão distribuídas imagens. O sujeito deve criar uma história baseada na imagem que pegou, em forma de gibi, tendo apenas uma folha, que pode ser dividida em até oito quadrinhos. Ele deve desenhar sem escrever nada. O desenho não precisa ser superelaborado, mas deve ser facilitado para sua interpretação.
- Todos trocarão suas histórias e cada um falará o que entendeu da história do amigo. Depois devem colocar as falas na história do amigo, complementando-a.
- Na segunda fase, distribuir uma palavra para cada um, que deverá desenvolver outro gibi, de até oito quadrinhos, mas só com a escrita.
- Em seguida, trocar entre todos e depois terminar fazendo desenhos na história.
- Compartilhar.

Instrução do baralho das ideias

Fase 1

- Vou distribuir a vocês uma imagem, com base na qual devem criar um gibi sem fala, utilizando a imagem como inspiração. Quem tiver dificuldade para desenhar, não há problema, faça o mais simples possível, de forma que o colega entenda. Podem ser até oito quadrinhos, que será feito em uma só folha.
- Em seguida, vocês vão trocar as histórias, e cada um contará a história que pegar do colega. O colega vai depois dizer se está certo ou não e explicar o que fez. Pode dar dicas para facilitar!
- Terminem então o gibi, complementando as falas, mas a do colega e não a sua própria história.

Fase 2 – Palavras soltas

- Muito bem, agora vamos inverter. Vou distribuir uma palavra para cada um de vocês, que devem criar uma história, também em formato de gibi, apenas com palavras, sem imagens.
- Vamos trocar as histórias, e o colega deverá contar a história e terminar o gibi do amigo, desenhando.
- Compartilhem, vejam o que o colega acha do final da sua história.

b) Cartão problema

- Dividir o grupo em dois e dar um cartão problema para cada grupo.
- Cada um vai ler o seu cartão e, em seguida, desenhar junto com o grupo cenas que representem a situação problema como forma de significação e representação mental.
- Solicitar que elaborem, em conjunto, três possibilidades de soluções. Anotar cada uma e entregar para o outro grupo. Pedir que o outro grupo elabore três questões que dificultem a solução encontrada pelo outro

grupo. No caso de ser feito individualmente, o terapeuta e o paciente assumem o papel como se cada um fosse um grupo.
- Os grupos então vão debater as respostas com soluções e problemas, explorando a conclusão para o tema.

Instrução da resolução de problemas

Fase 1

- Vamos nos divertir. Dividam-se em dois grupos (no caso de ser feito individualmente, o terapeuta e o paciente assumem o papel como se cada um fosse um grupo). Vou distribuir a vocês um cartão, que terá um problema, e deverão resolver a questão em pauta.
- Cada um vai ler o seu cartão e, em seguida, desenhar junto com o seu grupo cenas que representem a situação problema como forma de significação e representação mental.
- Cada grupo deve fazer um conjunto de três possibilidades de soluções. Anotar cada uma e entregar para o outro grupo.

Fase 2

- Muito bem. Agora, vou pedir que cada grupo elabore três possíveis problemas para a solução encontrada pelo outro grupo.
- Agora vamos debater as respostas, os problemas e encontrar outras possíveis soluções. Vamos lá!

Feedback (placa "Compartilhar"): O que acharam desta atividade? O que vocês acreditam que aprenderam aqui? O que mais? Qual foi a tarefa de que cada um gostou mais? Por quê? De qual gostou menos? Por quê?

SESSÃO 5

Palavras ocultas, jogo do detetive

Material: Folha sulfite, cartas detetive, fichas ou botões (avulso)
O que estamos trabalhando: abstração, memória operacional, flexibilidade cognitiva.

a) Jogo das palavras ocultas

- Cada um deve escolher uma palavra e os colegas deverão descobrir o que é. Deve ser um personagem, objeto, lugar, pessoa. Eles devem elaborar dez dicas e falar na vez de cada um.
  ▸ Exemplo: a palavra escolhida é um objeto: "isqueiro". Então, serão elaboradas dez dicas para a palavra isqueiro, como "sai fogo".
- O primeiro escolhe uma dica que deve estar numerada. Ele pode atribuir um palpite, caso tenha, mas somente na sua vez. Se falar sem ser na sua vez, a sua resposta é nula, mesmo estando correta, podendo o colega utilizá-la.
- Cada um que descobrir ganha uma ficha (em anexo).
  ▸ Ganha quem tiver mais fichas.
  ▸ A quantidade de palavras ocultas a serem criadas fica a critério do aplicador, de acordo com o tempo disponível.

MÓDULO II • ADOLESCENTES • SESSÃO 5

Instrução do jogo das palavras ocultas

- Vamos nos divertir um pouco. Usar nossa criatividade. Devemos primeiramente escolher uma palavra que pode ser pessoa, lugar, objeto.
- Cada um escolherá o seu tema e palavra e deverá escrever dez dicas que ajude o colega a identificar e descobrir qual a palavra escolhida. Numerem as dicas de 1 a 10. Não deixem o colega ver o que está escrevendo.
- Vocês terão no máximo 10 minutos para desenvolver o que está sendo proposto.
- Vamos sortear para ver quem será o primeiro.
- Vou dar um exemplo a vocês. Eu vou escolher a palavra "São Paulo". Quando o colega pergunta qual o tema, eu falo "lugar". Ele escolhe a primeira dica e eu já tenho que estar com as dez, escritas e numeradas. Ele escolhe a dica numero três. Eu digo que é um lugar com muito trânsito.
- Depois, o outro colega, em seguida do primeiro, solicita a dica quatro, e assim por diante, até que alguém diga o que acha ser a palavra escolhida.
- Cada um deve falar o que acha na sua vez, não pode falar fora de sua vez, pois não valerá, podendo o colega na sua vez utilizar a resposta.
- Quem descobrir a palavra oculta recebe uma ficha. No final, ganha quem tiver mais fichas.

b) Enigma (detetive) cartas prontas

- Serão lidos cartões contendo histórias em que há um mistério a ser resolvido.
- Pode ser feito individualmente ou em grupo.

Instrução do jogo do detetive

- Vamos virar detetives agora.
- Podemos fazer em grupo ou individualmente.
- Vocês devem escolher uma carta e vou ler o texto e tentarão descobrir o mistério envolvido!

Feedback (placa "Compartilhar"): O que acharam desta atividade? O que vocês acreditam que aprenderam aqui? O que mais? Qual foi a tarefa de que cada um gostou mais? Por quê? De qual gostou menos? Por quê?

SESSÃO 6

Mapa mental, construção de histórias, cartão problema

Material: atividade do mapa mental, cartões problema, folhas sulfite
O que estamos trabalhando: planejamento, automonitoramento, produção de texto, flexibilidade cognitiva.

a) Mapa mental e construção de histórias

- Serão distribuídos mapas mentais prontos para cada um (explicar o que significa um mapa mental), com palavras já definidas. Eles devem desenvolver uma história com as palavras que estao dispostas.
- Após terminar a história, trocar o mapa com o colega ao lado fazendo novos textos (uma só vez). Sendo assim, cada um fará dois textos, mas deverão trocar as palavras, mantendo a primeira letra.
  ▸ Exemplo: "avião" podendo ficar "abacaxi".

- Depois, cada um pega um texto elaborado pelo colega e muda o final.
- Devem compartilhar as histórias.

Construção do mapa mental

- Para construir um mapa mental, é necessário iniciar no meio da folha de sulfite e expandir pelas laterais em linhas curvas, representando o desenho de um neurônio, tendo conexão entre as palavras-chave para fazer sentido e fixação do conteúdo. Nunca fazer linhas na vertical, pois as palavras serão escritas em um formato inadequado para a memorização.
- As cores são de extrema importância para maior ativação cerebral, mas, no momento do estudo, evitar utilizar a amarela, pois provoca pouca ativação do cérebro. As linhas devem ser desenhadas do tamanho da palavra. A linha mais próxima do tema principal deve ser feita com caneta de ponta grossa e as demais, com caneta de ponta fina.
- As palavras devem ser escritas com letras de forma, facilitando a memorização, pois a letra cursiva traz um formato mais complexo, provocando um gasto de energia desnecessário para o cérebro memorizar a informação.
- As informações precisam estar conectadas para se tornarem significativas. O que facilita a memorização da informação é a escrita de poucas palavras em cada linha, de preferência uma única palavra.

Instrução do mapa mental e construção de histórias

Fase 1

- Agora vamos fazer uma atividade diferente. Vocês vão ver um mapa mental já pronto, entretanto, deverão criar uma história com ele.
- Sabem o que é um mapa mental? Ok, vou explicar. O mapa mental serve para muitas coisas, mas principalmente para organizar o nosso pensamento. Podemos utilizá-lo para organizar o nosso dia, uma viagem, um projeto. Podemos usá-lo para organizar e memorizar um texto, para uma prova principalmente.
- Temos a ideia principal aqui no centro e depois as outras partes em seu entorno. Olhem só, como se fosse uma aranha ou uma árvore. Então, inventem uma história baseando-se nestas palavras, utilizando a palavra do meio com a ideia principal dessa história.
- Entenderam? Dúvidas?
- Esclarecidas as dúvidas, vamos começar a atividade. Criem a história de vocês. Após terminarem, troquem o mapa com o colega.

Fase 2

- Ao trocar o mapa, modifiquem as palavras que estão no mapa, mantendo a letra inicial. Por exemplo, se temos a palavra "avião", podem trocar para "abacaxi".
- Agora criem outra história.

Fase 3

- Última atividade, pessoal. Vamos trocar novamente, mas não os mapas e sim as histórias. Vocês devem mudar o final da história do amigo, trazendo um pouco de humor, e depois vamos compartilhar para nos divertirmos um pouco.

HORA DO DESAFIO – Cartão problema

- Dividir em dois grupos e entregar um cartão problema para cada grupo.
- Um grupo inicia e procura atribuir soluções diversas para aquele problema e o outro grupo vai rebater, trazendo impeditivos até que consigam solucionar sem ter qualquer impeditivo em questão. Depois trocam para o outro grupo.
- Será somente um debate, sem escrita.

Instrução da resolução de problemas

- Esta atividade vocês já conhecem, mas vamos fazer um pouco diferente, pois agora vocês não vão desenhar, vão apenas verbalizar.
- Vamos nos dividir em dois grupos. Vou distribuir um cartão problema e cada grupo, na sua vez, deverá falar quais soluções teriam para a questão em pauta. O grupo adversário deve contestar, colocando impeditivos naquelas soluções encontradas.
- Vão debater até não conseguirem mais contestar as soluções atribuídas.
- Troca-se então para o outro grupo, seguindo o mesmo esquema.

Feedback (placa "Compartilhar"): O que acharam desta atividade? O que vocês acreditam que aprenderam aqui? O que mais? Qual foi a tarefa de que cada um gostou mais? Por quê? De qual gostou menos? Por quê?

SESSÃO 7

Mapas mentais, jogo das cores

Material: baralho de mapas mentais, baralho das cores, folha sulfite
O que estamos trabalhando: automonitoramento, flexibilidade cognitiva, memória operacional.

a) Baralho de mapas mentais

- Cada um vai pegar uma carta do baralho que contém um mapa mental.
- Devem pensar em como utilizar, de acordo com o tamanho e o formato que receberam. Usar palavras, símbolos, desenhos e cores.
- Pensar em uma ideia e colocar no mapa. Pode ser um planejamento do dia, uma história imaginada, um passeio, uma viagem, o que quiserem.
- Compartilhar com os colegas.
- Segundo passo: criar uma tabela que contenha símbolos e letras.
- Como exemplo, a letra A tem o símbolo de uma cruz.
- Elaborar símbolos para o alfabeto todo. Podem fazer juntos.
- Terminando, cada um vai pegar mais uma carta do mapa mental e escrever palavras com os símbolos apenas. Escrever em uma folha à parte a palavra escolhida, para não esquecerem, mas não deixar o colega ver. Depois trocar os mapas e cada um deve decifrar os símbolos do mapa do colega utilizando a tabela que criaram.

Instrução do baralho de mapas mentais

Fase 1

- Vocês recordam o que é um mapa mental? Quem pode ajudar o colega que tem dúvida?
- Para começar, cada um vai pegar uma carta deste baralho que contém um mapa mental. Como podem ver, o mapa está vazio.
- Pensem em uma ideia e coloquem em seu mapa. Pode ser um planejamento diário, ou de um passeio, uma viagem, uma história imaginada, o que quiserem. Depois, vamos compartilhar com o colega.
- Devem pensar em como utilizar, de acordo com o tamanho e o formato que receberam. É importante que usem palavras, símbolos, desenhos e cores.

Fase 2

- Agora, vamos mudar um pouco. Nesta segunda etapa, para torná-la mais sofisticada, vamos criar uma tabela que contenha símbolos e letras. Como exemplo, a letra A tem o símbolo de uma cruz.
- Vocês podem fazer juntos. Vamos criar símbolos para todo o alfabeto?
- Agora que já terminaram, cada um vai pegar mais uma carta do mapa mental e escrever palavras com os símbolos apenas. Escrevam em uma folha à parte as palavras corretas que pensaram para não esquecer, mas não deixem o colega ver. Depois troquem e tentem decifrar os símbolos do mapa do colega utilizando a tabela que criaram.

Construção do mapa mental

- Para construir um mapa mental, é necessário iniciar no meio da folha de sulfite e expandir pelas laterais em linhas curvas, representando o desenho de um neurônio, tendo conexão entre as palavras-chave para fazer sentido e fixação do conteúdo. Nunca fazer linhas na vertical, pois as palavras serão escritas em um formato inadequado para a memorização.
- As cores são de extrema importância para maior ativação cerebral, mas, no momento do estudo, evitar utilizar a amarela, pois provoca pouca ativação do cérebro. As linhas devem ser desenhadas do tamanho da palavra. A linha mais próxima do tema principal deve ser feita com caneta de ponta grossa e as demais, com caneta de ponta fina.
- As palavras devem ser escritas com letras de forma, facilitando a memorização, pois a letra cursiva traz um formato mais complexo, provocando um gasto de energia desnecessário para o cérebro memorizar a informação.
- As informações precisam estar conectadas para se tornarem significativas. O que facilita a memorização da informação é a escrita de poucas palavras em cada linha, de preferência uma única palavra.

b) Jogo das cores

- Primeiro sorteiam-se quem começa e os seguintes.
- Será definido que sempre que aparecer a carta azul devem falar "amarelo", e quando aparecer vermelho devem falar "preto". As outras cores devem ser verbalizadas igualmente.
- O aplicador então fica com o baralho e vai virando uma carta por vez. O primeiro deve ver a cor e falar de acordo; depois o segundo e assim sucessivamente.
  - ▶ Exemplo: a primeira carta virada se refere à cor verde, então João fala "verde". A segunda carta é a azul e o da vez vai falar "amarelo", como explicado.
- Quem errar, faz uma careta. (Pode se atribuir outra coisa.)
- Nesta segunda etapa, vamos atribuir uma palavra para cada cor. Quando aparecer amarelo, deverão falar algo da cor correspondente, por exemplo, "banana".

Instrução do jogo das cores

Fase 1

- Agora vamos nos divertir um pouco. Vocês terão que prestar muita atenção.
- Vamos ver quem é o primeiro, segundo......
- Vocês estão vendo estas cartas? Elas têm cores apenas. Então, a regra é a seguinte. Sempre que aparecer a cor azul, devem falar "amarelo", e quando aparecer vermelho, devem falar "preto". Agora, se aparecer a cor verde, falem "verde", branco, falem "branco". Entenderam? Posso repetir.
- Cada um fala na sua vez, sem atropelar o colega. É bem rápido.
- Quem errar terá que fazer uma careta. (Pode-se atribuir outra coisa.)

(Caso o grupo tenha facilidade, aumentar o grau de dificuldade, atribuindo mais uma ou duas cores, com inversão.)

Fase 2

- Agora, ao virar a carta, vocês vão falar algo que corresponda à cor, por exemplo, se aparecer a carta amarela, "banana".
- Vamos lá, tem que ser rápido!

Feedback (placa "Compartilhar"): O que acharam desta atividade? O que vocês acreditam que aprenderam aqui? O que mais? Qual foi a tarefa de que cada um gostou mais? Por quê? De qual gostou menos? Por quê?

SESSÃO 8

Texto estranho, detetive

Material: folha com textos, papel sulfite
O que estamos trabalhando: produção de texto, automonitoramento, flexibilidade cognitiva, abstração.

- Todos devem criar um texto pequeno, de aproximadamente seis linhas, mas o texto deve ser estranho, com duas frases, pelo menos, desconexas e que não tenham relação com o conteúdo.
- Em seguida, devem colocar esse texto utilizando o mapa mental, e cada um vai construir o seu, incluindo também as palavras sem sentido.
- Após todos terminarem, o primeiro vai ler o seu texto e os colegas devem identificar o trecho que não faz sentido e escrever, cada um em sua folha, o que está errado e qual seria a frase correta.

Exemplo: frase elaborada: "A rotina diária de Mariana. Acorda pela manhã, toma seu café, vai fazer ginástica, toma banho e depois vai trabalhar no computador em cima do telhado. Quando termina seu trabalho vai almoçar e descansar no box do banheiro."

- Compartilhar as respostas.

Instrução do texto estranho

- Vamos fazer uma tarefa diferente, que se chama texto estranho.
- Vocês devem criar um texto pequeno, de aproximadamente seis linhas, mas o texto deve ser estranho, com duas frases, pelo menos, desconexas e que não tenham relação com o conteúdo.
- Em seguida, devem colocar esse texto utilizando o mapa mental, e cada um vai construir o seu, incluindo também as palavras sem sentido.
- Após todos terminarem, o primeiro vai ler o seu texto e os colegas devem identificar o trecho que não faz sentido e escrever, cada um em sua folha, o que está errado e qual seria a frase correta.

Exemplo: frase elaborada: "A rotina diária de Mariana. Acorda pela manhã, toma seu café, vai fazer ginástica, toma banho e depois vai trabalhar no computador em cima do telhado. Quando termina seu trabalho vai almoçar e descansar no box do banheiro."

- Vocês se recordam de como devem fazer um mapa mental? Precisam de ajuda?
- Vamos compartilhar as respostas?

HORA DO DESAFIO – Você é o detetive

- Cada um deve inventar uma história em que ocorre um roubo ou assassinato. O objetivo é que os colegas descubram quem foi o responsável. Devem ser criadas dicas, como já exposto em outra atividade anterior, de forma que direcione para o culpado.

Instrução da hora do desafio – Você é o detetive

- Agora vocês vão ser os inventores! E os detetives! Começamos criando uma história na qual deve ocorrer um assassinato um ou roubo, sequestro.
- Vocês se recordam de que fizemos uma atividade assim? Só que tinham que descobrir o que havia acontecido. Agora é diferente, pois vocês vão criar a história e as dicas.
- Para ajudá-los na construção, podem utilizar o mapa mental, se quiserem.

Compartilhar

Feedback (placa "Compartilhar"): O que acharam desta atividade? O que vocês acreditam que aprenderam aqui? O que mais? Qual foi a tarefa de que cada um gostou mais? Por quê? De qual gostou menos? Por quê?

SESSÃO 9

Decifrando um enigma, baralho das cores escritas

Material: Cartão do enigma, baralho das cores escritas, papel sulfite
O que estamos trabalhando: memória operacional, flexibilidade cognitiva, controle inibitório.

a) Decifrando um enigma

- Dividir em grupo.
- Pedir para imaginarem que estão em um local sem saída e, para saírem, deverão decifrar um código secreto. Esse código secreto vai se transformar em uma frase.

	✝	☼	☹	☺	♦
1	A	B	C	D	E
2	F	G	H	IJ	K
3	L	M	N	O	P
4	Q	R	S	T	U
5	♦	W	X	Y	Z

Enigma: ☺3 ♦4 ☼4 ☹4 ☺3 ♦1 ☹4 ☺4 ✝1 ✝5 ☺2 ☹3 ☺1 ☺3
Resposta: O urso está vindo.

MÓDULO II • ADOLESCENTES • SESSÃO 9   125

- Seguir a tabela apresentada relacionando números e símbolos, que darão uma letra. Ao descobrirem a frase correta, devem escrever e mostrar ao orientador, para saírem do local. Ganha quem decifrar mais rápido.
- Depois, na segunda etapa, devem inverter. Será dada uma frase em que deverão colocar os números e símbolos referentes. Desta vez vai ser cronometrado, 3 minutos (deve ser definido pelo avaliador, dependendo do nível do grupo).

"A vida traz grandes desafios."
Resposta: ✝1 ✝5 ☺2 ☺1 ✝1 ☺4 ✿4 ✝1 ♦5 ✿2 ✿4 ✝1 ☹3 ☺1
♦1 ☹4 ☺1 ♦1 ☹4 ✝1 ✝2 ☺2 ☺3 ☹4

- Agora cada grupo vai criar uma frase para o outro grupo colocar em código utilizando-se o cronômetro (a ser estipulado pelo avaliador).
- Na segunda etapa, vão mostrar o código para que o outro grupo decifre e fale qual a frase.

Instrução decifrando um enigma

- Vocês vão se dividir em grupo.
- Imaginem que vocês estão em um local sem saída e vão ter que descobrir como sair. Para isso, devem decifrar um código secreto que se transforma em uma frase.
  Enigma: ☺3 ♦4 ✪4 ☹4 ☺3 ♦1 ☹4
  ☺4 ♱1 ♱5 ☺2 ☹3 ☺1 ☺3
  Resposta: O urso está vindo.

- Sigam a tabela apresentada relacionando os dois números e símbolos que darão uma letra. Ao descobrirem a frase correta, devem escrever e mostrar ao orientador, para saírem do local. Ganha quem decifrar mais rápido.
- Agora vamos inverter. Será dada uma frase em que deverão colocar os números e símbolos referentes. Desta vez vou cronometrar, dando a vocês 3 minutos (a definir pelo avaliador, dependendo do seu grupo e do nível dos adolescentes).
  "A vida nos traz grandes desafios."
  Resposta correta: ♱1 ♱5 ☺2 ☺1 ♱1 ☹3 ☺3 ☹4 ☺4 ✪4
  ♱1 ♦5 ✪2 ✪4 ♱1 ☹3 ☺1 ♦1 ☹4 ☺1
  ♦1 ☹4 ♱1 ♱2 ☺2 ☺3 ☹4

- Agora cada grupo vai criar uma frase para o outro grupo colocar em código e será cronometrado. (A ser definido pelo avaliador o tempo utilizado, respeitando-se o nível do grupo.)
- Na segunda etapa, vão falar o código para que o outro grupo decifre e fale qual a frase.

Tabela (cartão anexo)

	♱	✪	☹	☺	♦
1	A	B	C	D	E
2	F	G	H	IJ	K
3	L	M	N	O	P
4	Q	R	S	T	U
5	V	W	X	Y	Z

b) Baralho das cores escritas

- Sortear a ordem dos participantes do jogo.
- O aplicador é quem manipula o baralho. Ele deve virar as cartas uma a uma e o da vez deve falar a cor que vê, não o que está escrito.
  ▸ Exemplo: está escrito "azul", mas aparece a cor verde, então o da vez falará "verde", e assim sucessivamente.
- Quem errar, terá que imitar um animal. (Pode-se atribuir outra coisa.)

> **Instrução do baralho das cores escritas**
>
> **Fase 1**
>
> - Primeiro vamos ver quem vai começar este jogo, quem será o segundo ....
> - Este baralho tem palavras escritas e cores, mas vocês devem falar apenas as cores e ignorar as palavras.
>
> **Exemplo:** se aparecer a palavra "azul" e a cor azul, o da vez falará "azul". Se aparecer a palavra "vermelho" e a cor amarela, falará "amarela".
>
> - Entenderam? Vamos começar? Devem prestar muita atenção. É bem rápido.
> - Quem errar terá que imitar um animal. Podemos mudar se quiserem. (Pode-se atribuir outra coisa.)

Feedback (placa "Compartilhar"): O que acharam desta atividade? O que vocês acreditam que aprenderam aqui? O que mais? Qual foi a tarefa de que cada um gostou mais? Por quê? De qual gostou menos? Por quê?

SESSÃO 10

Criação de um código secreto, jogo das letras, definindo uma meta e um planejamento

Material: papel sulfite, baralho das letras, cronômetro
O que estamos trabalhando: flexibilidade cognitiva, memória operacional, produção escrita, planejamento.

a) Criação de um código secreto

- Baseando-se na atividade anterior, dividir o grupo, que deve criar o seu próprio código secreto.
- Em seguida, eles devem explicar ao colega como funciona cada código criado e então inicia-se o jogo.
- Cada grupo deve criar uma senha a ser decifrada em um tempo específico pelo outro grupo. Podem usar o cronômetro. Podem também criar outras regras, para ser mais dinâmico e personalizado.
- As senhas não devem ser longas.

Instrução da criação de um código secreto

- Vocês se recordam da atividade anterior, em que precisaram decifrar um código secreto? Só que havia uma tabela de referência.
- Agora vocês vão criar o próprio código secreto de vocês. Vamos lá, vai ser divertido.
- Mostrem aos colegas como funciona o código que criaram.
- Agora vamos começar o jogo.
- Cada grupo deve criar a sua senha secreta. Após terminarem, mostrem ao grupo concorrente, que deve decifrá-lo utilizando a sua tabela de código criada. (Se o grupo é de quatro pessoas e foram criadas quatro tabelas de códigos, quando o grupo for dividido em dois, devem escolher apenas uma tabela cada grupo.)
- Para que fique justo, vamos criar uma frase que contenha entre 18 e 20 letras.
- Vamos usar o cronômetro?
- Gostariam de inventar mais alguma regra para este jogo?

b) Jogo das letras

- Distribuir uma ficha de nove letras para cada uma, sendo que todas conterão três vogais e seis consoantes.
- Pedir que criem o máximo de palavras que conseguirem, sendo que não pode ter menos de três letras.
- Devem escrever em uma folha todas que conseguirem criar.
- Atribuir 2 minutos para concluírem a tarefa (esse tempo pode ser modificado conforme o perfil dos adolescentes).

Instrução do jogo das letras

- Vou distribuir um cartão com nove letras e cada um de vocês deverá criar o máximo de palavras com elas. Não podem repetir a letra. (Basear-se nos modelos da ficha, sendo 12 combinações que conterão três vogais e seis consoantes.)
- A palavra deve ter no mínimo três letras.
- Vão escrevendo o que criarem.
- Vocês terão 2 minutos! Vamos lá.

(Esse tempo pode ser modificado conforme o perfil dos adolescentes.)

c) Definindo uma meta e um planejamento

- Procurar algo que considere como uma meta. Pode ser qualquer coisa, como pedir ao pai algo que queira ter ou ganhar em um campeonato, entre outros.
- Já definida a sua meta, identificar os todos passos de que precisa para alcançar essa meta, como um planejamento.
- Compartilhar.
- O terapeuta deve verificar o formato e ajudar a ampliar a estrutura, caso considere necessário.

Instrução do Definindo uma meta e um planejamento

- Bom, pessoal, agora nós vamos fazer uma atividade em que vocês devem buscar uma meta que queiram alcançar. Pode ser verdadeira ou fictícia, como preferirem. Como exemplo: pedir aos pais algo que queiram, ou ganhar um campeonato, entre outros.
- Agora que já sabem o que querem alcançar, vocês vão traçar os passos para alcançar essa meta. Mas quero em detalhes, um planejamento completo, passo a passo.
- Vamos compartilhar?

Observação: o terapeuta deve verificar cada meta e planejamento, e ampliar a estrutura elaborada, caso considere necessário.

Compartilhar

Feedback (placa "Compartilhar"): O que acharam desta atividade? O que vocês acreditam que aprenderam aqui? O que mais? Qual foi a tarefa de que cada um gostou mais? Por quê? De qual gostou menos? Por quê?

SESSÃO 11

Criação de histórias, construção do mapa mental e detetive

Material: folha de papel sulfite, cartas do baralho de detetive.
O que estamos trabalhando: automonitoramento, memória operacional, produção de texto, abstração.

- É escolhido um membro do grupo para iniciar uma história qualquer, que pode ser normal, ou uma poesia, entre outros. Em seguida, o próximo continua a história, passando por todos, até atribuírem um término para ela.
- Outro membro do grupo inicia uma nova história.
- Serão elaboradas na quantidade referente ao número de integrantes do grupo.
- Eles devem criar um mapa mental, sendo cada um com sua história (que iniciou).
- Os mapas devem conter símbolos, cores, desenhos e palavras.

Instrução da criação de histórias em grupo

- Vamos agora criar uma história em conjunto. Como será isso?
- O Marcelo inicia uma história qualquer, ou também uma poesia, como quiserem.
- A colega ao lado continua a história, e assim por diante, até que alguém a finaliza.
- Cada um vai iniciar uma história.
- Agora que terminamos, vocês devem criar um mapa mental, sendo cada um com sua história (que iniciou).
- Os mapas devem conter símbolos, cores, desenhos e palavras.
- Vamos lá, quero ver muito colorido e também criatividade nesses mapas.

Construção do mapa mental

- Para construir um mapa mental, é necessário iniciar no meio da folha de sulfite e expandir pelas laterais em linhas curvas, representando o desenho de um neurônio, tendo conexão entre as palavras-chave para fazer sentido e fixação do conteúdo. Nunca fazer linhas na vertical, pois as palavras serão escritas em um formato inadequado para a memorização.
- As cores são de extrema importância para maior ativação cerebral, mas, no momento do estudo, evitar utilizar a amarela, pois provoca pouca ativação do cérebro. As linhas devem ser desenhadas do tamanho da palavra. A linha mais próxima do tema principal deve ser feita com caneta de ponta grossa e as demais, com caneta de ponta fina.
- As palavras devem ser escritas com letras de forma, facilitando a memorização, pois a letra cursiva traz um formato mais complexo, provocando um gasto de energia desnecessário para o cérebro memorizar a informação.
- As informações precisam estar conectadas para se tornarem significativas. O que facilita a memorização da informação é a escrita de poucas palavras em cada linha, de preferência uma única palavra.

Enigma (detetive) – cartas prontas

- Serão distribuídos cartões contendo histórias em que há um mistério a ser resolvido.
- Pode ser feito individualmente ou em grupo.

Instrução do detetive

- Vocês já fizeram esta atividade. Lembram-se das cartas de detetive?
- Vamos fazer mais alguns?
- Vocês devem escolher uma carta, ler o texto e tentar descobrir o que aconteceu e o resultado.

Feedback (placa "Compartilhar"): O que acharam desta atividade? O que vocês acreditam que aprenderam aqui? O que mais? Qual foi a tarefa de que cada um gostou mais? Por quê? De qual gostou menos? Por quê?

SESSÃO 12

Criação do gibi, encerramento

Material: bexigas coloridas, folhas sulfite.
O que estamos trabalhando: linguagem, produção de texto, flexibilidade cognitiva, integração grupal.

a) Criação do gibi

- Solicitar que criem uma história em formato de gibi, com desenho e fala.
- Cada história deverá ter em média de 12 quadrinhos.
- Esta história deve ter uma "moral da história", ou um tipo de super-herói, ou uma boa ação, alguma atitude ética.
- Depois cada um contará a sua história aos colegas.

Instrução da criação do gibi

- Vocês devem criar um gibi, que tenha uma moral da história, ou um super-herói que faça uma boa ação, algo que esteja relacionado a ter uma atitude ética.
- Não vamos criar um gibi pequeno, serão pelo menos com duas folhas de seis quadrinhos cada.
- Devem ser desenhados e escritos. Não tem importância o desenho e sim o conteúdo que criarem.
- Depois que todos finalizarem, vamos compartilhar. Todos devem contar suas histórias.

b) Encerramento

- Hoje vamos nos despedir, será nosso último encontro. E, para isso, vamos criar uma dinâmica de encerramento. O que sugerem? Quero ouvir a todos.
- Sugestão de dinâmica, caso não consigam criar nenhuma: o grupo senta-se em círculo, que pode ser no chão. Cada um vai escrever uma frase interessante, sendo ela estimulante e positiva, colocando-a dentro de uma bexiga.

Depois as bexigas são jogadas no chão já cheias, misturadas, e cada um pega uma e estoura, lendo a frase que está dentro para todos.
(As bexigas podem ser substituídas por uma caixa, dentro da qual todos os papéis escritos são colocados.)

MÓDULO II • ADOLESCENTES • SESSÃO 12   137

Instrução da dinâmica de encerramento

- Hoje vamos nos despedir, será nosso último encontro. E, para isso, vamos criar uma dinâmica de encerramento. O que sugerem? Quero ouvir a todos.
- Vou dar uma sugestão de uma dinâmica, vejam o que acham:
    ‣ Vamos nos sentar em círculo. Agora cada um vai criar uma frase, sendo ela estimulante, positiva. Após terminarem, coloquem-na dentro da bexiga e encham-na. Vamos jogar todas no chão e cada um pega uma bexiga. Procurem pegar uma de cor diferente daquela que vocês encheram.
    ‣ Podemos também escrever o início de uma frase para o amigo completar, mas com algum contexto positivo.
- Agora estourem as suas bexigas e cada um lê a sua em voz alta.

(Caso queira substituir o material, em vez de bexiga podem apenas dobrar o papel e colocar em uma caixa.)

Compartilhar

Feedback (placa "Compartilhar"): O que acharam desta atividade? O que vocês acreditam que aprenderam aqui? O que mais? Qual foi a tarefa de que cada um gostou mais? Por quê? De qual gostou menos? Por quê?

REFERÊNCIAS BIBLIOGRÁFICAS

1. Gazzaniga MS, Ivry RB, Mangun GR. Cognitive neuroscience: the biology of the mind. New York: W. W. Norton; 2002.
2. Lezak MD, Howieson DB, Loring DW. Neuropsychological assessment, 4.ed. New York: Oxford University Press; 2004.
3. Malloy-Diniz LF, Sedo M, Fuentes D, Leite WB. Neuropsicologia das funções executivas. In: Fuentes D, Malloy-Diniz LF, Camargo CHP, Cosenza RM (eds.). Neuropsicologia: teoria e prática. Porto Alegre: Artmed; 2008.
4. Zelazo PD, Muller U. Executive function in typical and atypical development. In: Goswami U (ed.). Blackwell handbook of childhood cognitive development. Oxford: Blackwell Handbooks of Developmental Psychology; 2002. pp. 445-69.
5. Diamond A, Lee K. Interventions shown to aid executive function development in children 4–12 years old. Article Science; 2011.
6. Garcia-Molina et al. Maduracion de la corteza pré-frontal y desarrollo de las funciones efecutivas durante los primeros cinco anos de vida; 2009.
7. Korkman M, Kemp SL, Kirk U. Effects of age on neurocognitive measures of children ages 5 to 12: a cross-sectional study on 800 children from the United States. Ver Neuropsychol. 2001;20(1):331-54.
8. Garon N, Bryson SE, Smith IM. By the American Psichologycal Association. Executive function in preschoolers: a review using an integrative framework. 2008;134.
9. Hongwa Nishkul D, Happaney KR. Assessment of hot and cool executive function in young children: age-related changes and individual differences. Dev Neuropsychol. 2005;28(2):617-44.
10. Barkley R. The executive functions and self-regulation: an evolutionary neuropsychological perspective. Neuropsychol Rev. 2011;11(1):1 29.
11. Johnson MH. Executive function and developmental disorders: the flip side of the coin. Trends in Cognitive Sciences. 2012;16(9):454-7.
12. Meltzer L. Promoting executive function in the classroom. New York: Guilford Press; 2010.
13. Baddeley A. The episodic buffer: a new componente of working memory? Trends in Cognitive Sciences. 2000;4(11):417-23.
14. Baddeley AD, Hitch GJ. Developments in the concept of working memory. Neuropsychology. 1994;8(4):485-93.
15. Alloway TP, Alloway RG. Working memory: the connected intelligence. New York: Taylor & Francis; 2013.
16. Oliveira CR, Rodrigues JC, Fonseca RP. O uso de instrumentos neuropsicológicos na avaliação de dificuldades de aprendizagem. Rev. psicopedag. [online]. 2009;26(79):65-76.

17. Buzan T. Mapas mentais e sua elaboração. São Paulo: Cultrix; 2005.
18. Blair C, Diamond A. Biological processes in prevention and intervention: the promotion of self-regulation as a means of preventing school failure. Development and Psychopathology. 2008;20:899-911.
19. Capilla-González A, et al. Nuevas aportaciones a la neurobiología del trastorno por déficit de atención con hiperactividad desde la magnetoencefalografia. Neurología. 2005;40(Supl 1):S43-S47.
20. Carreiro LRR, Reppold CT, Córdova EM, Vieira NSA, Mello CB. Funções executivas e transtornos do desenvolvimento. In: Seabra AG, Laros JA, Macedo EC, Abreu N. Inteligência e funções executivas: avanços e desafios para a avaliação neuropsicológica. São Paulo: Memnon; 2014. p. 113-40.
21. Carion L, Orza GJ, Santamaria P. Development of the inhibitory component of the executive functions in children and adolescents. Int J Neurosci. 2004;113(10):1291-311.
22. Corso HV, Sperb TM, de Jou GI, Salles JF. Metacognição e funções executivas; relações entre conceitos e implicações para a aprendizagem. Psicologia: Teoria e Pesquisa. 2013;29(1):21-9.
23. D'alcante CC, Covre P. Para que as funções executivas? Qual a relação com a aprendizagem? Implicações na vida do aluno. In: Pantano T, Rocca CCA. Como se estuda? Como se aprende? São José dos Campos: Pulso Editorial; 2015. p. 197-207.
24. Diamond A. Executive functions. Annual Review of Psychology. 2013;64:135-8.
25. Fleitlich-Bilyk B, Rodrigues da Cunha G, Estanislau GM, Rosário MC. Saúde e transtornos mentais. In: Estanislau GM, Bressan RF. Saúde mental na escola: o que os educadores devem saber. Porto Alegre: Artmed; 2014. p. 25-33.
26. Locascio G, Mahone ME, Eason SH, Cutting LE. Executive dysfunction among children with reading comprehension deficits. National Institutes Health. J Learn Disabil. 2010;43(5):441-54.
27. Malloy-Diniz LF, Fuentes D, Borges Leite W, Sedó M. Neuropsicologia das funções executivas e da atenção. In: Fuentes D, Malloy-Diniz L, Pires de Camargo CH, M. Cosenza R. Neuropsicologia: teoria e prática. Porto Alegre: Artmed; 2014. p. 115-38.
28. Mourão Junior CA, Melo LBR. Integração de três conceitos: função executiva, memória de trabalho e aprendizado. Psicologia: Teoria e Pesquisa. 2011;27(3):309-14.
29. Pergher NK, Colombini F, Samelo MJ, Modenesi R, Angelo H. Planejamento, organização e flexibilidade mental. In: Pantano T, Rocca CCA. Como se estuda? Como se aprende? São José dos Campos: Pulso Editorial; 2015. p. 197-207.
30. Ribeiro C. Metacognição: um apoio ao processo de aprendizagem. Psicologia, Reflexão e Crítica. 2003;16(1):109-16.
31. Richland LE, Burchinal MR. Early executive function predicts reasoning development. Psy chological Science. 2013;24(1):87-92.
32. Seabra GA, Menezes A, Dias NM. Alterações das funções executivas em crianças e adolescentes. Estudos Interdisciplinares em Psicologia, Londrina. 2010;1:80-95.
33. Uehara E, Mata F, Charchat Fichman H, Malloy-Diniz LF. Funções executivas na infância. In: Fumagalli de Salles J, Haase VG, Malloy-Diniz LF. Neuropsicologia do desenvolvimento. Porto Alegre: Artmed; 2016. p. 17-27.
34. Vizzotto ADB, Sato FM. Espaço e organização no cotidiano – começando no dia a dia e chegando ao ambiente escolar – tudo começa em casa. In: Pantano T, Rocca CCA. Como se estuda? Como se aprende? São José dos Campos: Pulso Editorial; 2015. p. 197-207

ÍNDICE REMISSIVO

A

Adolescentes 88
Ajudar o amigo 21
Aprendizagem 11, 12
  escolar 3
Apresentação 23
Atividade
  de liga pontos 29
  do labirinto 49
Autismo 9
Autocontrole 13
Automonitoramento 13
  controle inibitório e autorregulação
    86

B

Baralho
  das cores escritas 127
  das ideias 107
  das palavras
    coloridas 98
    invertidas 96
  de mapas mentais 117
Botões coloridos 35

C

Calendários 25
Cartão problema 108
Cartões de frases da história maluca 53
Código secreto 124

[continuação]

Como organizar-se na sessão 20, 90
Como utilizar o material 18, 89
Compartilhar 21
Compreensão da linguagem 11
Construção
  de história 49
  do grupo 17
  do mapa mental 43, 114, 119, 133
  do planeta 37
Contar a história vista, mudando o
  final 46
Controle 74
  inibitório 8, 13
Conversando e orientando os pais e as
  crianças 25
Criação
  de um código secreto 128
  do gibi 135
Crianças impulsivas 13
Cronômetro 96

D

Decifrando um enigma 124
Déficits
  executivos 81
Déficits executivos 9
Definindo uma meta e um planeja-
  mento 130
Desenvolvimento das funções executi-
  vas 7, 8
Dinâmicas variadas 17

E

Encerramento 136
Enigma (detetive) cartas prontas 111, 134
Espaço físico de trabalho 94
Estimulação das funções executivas 75
Estrutura e desenvolvimento do programa 17
Estrutura e utilização do programa 88

F

Falar 21
Finalidade do programa 5, 76
Flexibilidade cognitiva 8
Frases
  absurdas 59
  invertidas 41
Funções executivas 7
  e seu desenvolvimento 7, 78
  e transtornos do desenvolvimento 9, 81
  nucleares 8

H

História
  dos animais 64
  em tirinhas 32
  oculta com mapa mental 43
Hora do desafio
  cartão problema 116
  enigma da palavra secreta 104
  resolução de problemas 100, 105
  você é o detetive 122

I

Ideia 21
Inflexibilidade cognitiva 82
Inibição 13
Instrução 24
  da atividade
    de liga pontos 30
    do labirinto 50

da construção
  de história 49
  do planeta 37
da criação
  de histórias em grupo 133
  de um código secreto 129
  do gibi 136
da dinâmica de encerramento 137
da história
  dos animais 64
  em quadrinhos 38
  em tirinhas 33
  oculta com mapa mental 44
da hora do desafio
  enigma da palavra secreta 105
  resolução de problemas 101, 106
  você é o detetive 123
da invenção de mapas mentais 57
da recordação dos animais no tabuleiro 66
da resolução de problemas 109, 116
das frases
  absurdas 60
  invertidas 41
das palavras cruzadas 45
da troca do corpo 61
decifrando um enigma 126
do baralho
  das cores escritas 127
  das ideias 108
  das palavras
    coloridas 99
    invertidas 97
  de mapas mentais 118
do Contar a história vista, mudando o final 46
do Definindo uma meta e um planejamento 131
do detetive 134
do jogo
  da cabra cega 59
  da mala 48
  das categorias 36, 103

ÍNDICE REMISSIVO · 143

das cores 120
das ideias 32
das letras 27, 130
das palavras coloridas 28
das palavras ocultas 111
das rimas 40
das semelhanças 29
das sílabas malucas 42
de caça-palavras 54
do detetive 112
dos sete erros 34
liga liga 55
do mapa mental
  com desenhos 67
  e construção de histórias 115
do Quem conta um conto aumenta
    um ponto 68
do reconto de histórias 52
dos cartões de frases da história
    maluca 53
do sinal fala/movimento 65
do sinal movimento/atenção para
    ouvir 69
do tabuleiro dos animais 63
do terceiro mapa mental 56
do texto estranho 122
Inventando mapas mentais 56

J

Jogo
  da cabra cega 58
  da mala 47
  das categorias 35, 102
  das cores 119
  das ideias 31
  das letras 26, 129
  das palavras coloridas 28
  das palavras ocultas 110
  das rimas 39
  das semelhanças 29
  das sílabas malucas 42
  de caça-palavras 53
  de palavras avulsas 40

dos sete erros 34
liga liga 55

L

Linguagem oral 68
Local de estudo , 23

M

Mapa mental 15, 43, 56, 115
  com símbolos 67
  e construção de histórias 113
Mapas mentais 87
Materiais anexos 91
Materiais escolares 24
Memória operacional 8, 11, 84
Metacognição 14, 83
Modelo
  de memória operacional 11
Montagem da história em quadrinhos
    38

O

Organização do material 92
Orientação aos pais 94
Ouvir 22

P

Palavras
  cruzadas 45
  do cartão 40
Placas autorreguladoras 21
Planejamento emocional e cognitivo
    74
Prancha escolhida 24
Produção da própria consciência 11

R

Raciocínio 11
Reconto de histórias 51
Recordação dos animais 65
Reforço positivo 22
Restrição quanto à idade 17

Retentor episódico 11
Rotina escolar , 23

S

Silêncio 21
Sinal
  fala/movimento 64
  movimento/atenção para ouvir 68

T

Tabuleiro dos animais 62
Tarefa 94
Texto estranho, detetive 121
Transtorno de oposição desafiante 9
Troca do corpo 61
Trocar nomes 61

SLIDES – CRIANÇAS

146   TREINO DE FUNÇÕES EXECUTIVAS E APRENDIZADO

Calendário mensal – imagem construída.

Calendário diário – imagem construída.

Sessão 1. Placa para controle do ambiente: ter ideias.

Sessão 1. Placas para controle do ambiente: fazer silêncio.

148 TREINO DE FUNÇÕES EXECUTIVAS E APRENDIZADO

Sessão 1. Placas para controle do ambiente: compartilhar.

Sessão 1. Placas para controle do ambiente: momento de falar.

Sessão 1. Placa para controle do ambiente: ajudar o amigo.

Sessão 1. Placas para controle do ambiente: atenção para ouvir.

Sessão 1. Placa para controle do ambiente: reforço positivo.

Sessão 1. Pranchas de estudo. Organização do material escolar e ambiente.

Sessão 1. Pranchas de estudo. Organização do material escolar e ambiente.

Sessão 1. Pranchas de estudo. Organização do material escolar e ambiente.

152 TREINO DE FUNÇÕES EXECUTIVAS E APRENDIZADO

Sessão 1. Pranchas de estudo. Organização do material escolar e ambiente.

Sessão 1. Pranchas de estudo. Organização do material escolar e ambiente.

SLIDES — CRIANÇAS   153

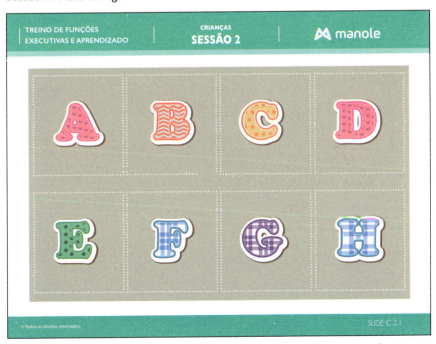

Sessão 1. Ficha de registro.

Sessão 2. Jogo das letras (imprimir e recortar). Automonitoramento, memória operacional, controle inibitório, antônimos, abstração verbal.

154 TREINO DE FUNÇÕES EXECUTIVAS E APRENDIZADO

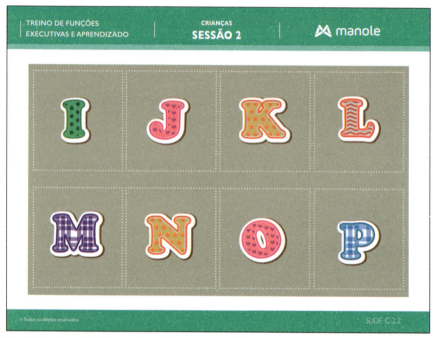

Sessão 2. Jogo das letras (imprimir e recortar). Automonitoramento, memória operacional, controle inibitório, antônimos, abstração verbal.

Sessão 2. Jogo das letras (imprimir e recortar). Automonitoramento, memória operacional, controle inibitório, antônimos, abstração verbal.

Sessão 2. Jogo das letras (imprimir e recortar). Automonitoramento, memória operacional, controle inibitório, antônimos, abstração verbal.

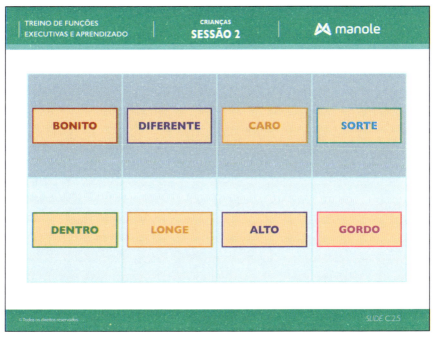

Sessão 2. Jogo das palavras coloridas (imprimir e recortar). Automonitoramento, memória operacional, controle inibitório, antônimos, abstração verbal.

Sessão 2. Jogo das palavras coloridas (imprimir e recortar). Automonitoramento, memória operacional, controle inibitório, antônimos, abstração verbal.

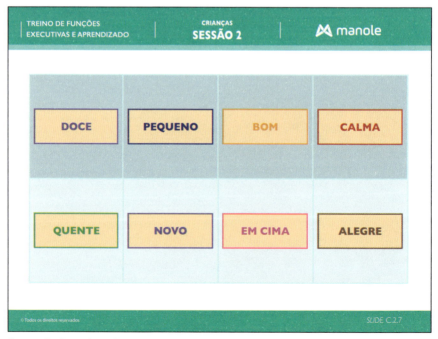

Sessão 2. Jogo das palavras coloridas (imprimir e recortar). Automonitoramento, memória operacional, controle inibitório, antônimos, abstração verbal.

Sessão 2. Jogo das palavras coloridas (imprimir e recortar). Automonitoramento, memória operacional, controle inibitório, antônimos, abstração verbal.

Sessão 2. Jogo das semelhanças (imprimir e recortar). Automonitoramento; memória operacional, controle inibitório, antônimos, abstração verbal.

Sessão 2. Jogo das semelhanças (imprimir e recortar). Automonitoramento; memória operacional, controle inibitório, antônimos, abstração verbal.

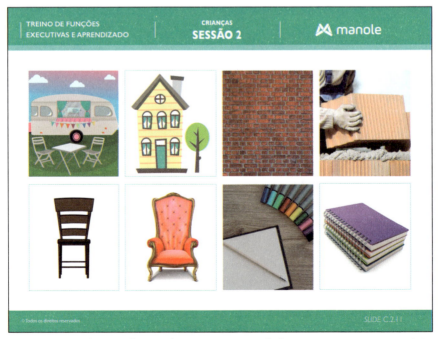

Sessão 2. Jogo das semelhanças (imprimir e recortar). Automonitoramento; memória operacional, controle inibitório, antônimos, abstração verbal.

Sessão 2. Jogo das semelhanças (imprimir e recortar). Automonitoramento; memória operacional, controle inibitório, antônimos, abstração verbal.

Sessão 3. Jogo de ideias (imprimir e recortar) com texturas. O que estamos trabalhando: planejamento, abstração e produção verbal.

Sessão 3. Jogo de ideias (imprimir e recortar) com texturas. O que estamos trabalhando: planejamento, abstração e produção verbal.

Sessão 3. Jogo de ideias (imprimir e recortar) com texturas. O que estamos trabalhando: planejamento, abstração e produção verbal.

Sessão 3. Jogo de ideias (imprimir e recortar) com texturas. O que estamos trabalhando: planejamento, abstração e produção verbal.

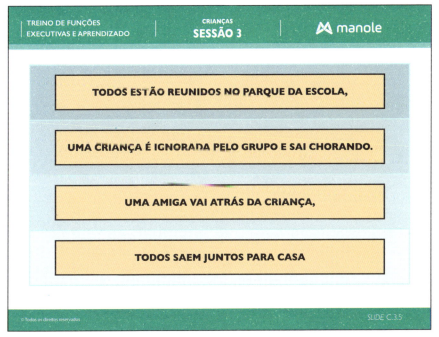

Sessão 3. História 1 (imprimir e recortar) com texturas. O que estamos trabalhando: planejamento, abstração e produção verbal.

Sessão 3. Imagens da história 1 (imprimir e recortar). O que estamos trabalhando: planejamento, abstração e produção verbal.

Sessão 3. História 2 (imprimir e recortar). O que estamos trabalhando: planejamento, abstração e produção verbal.

Sessão 3. Imagens da história 2 (imagens construídas em anexo). O que estamos trabalhando: planejamento, abstração e produção verbal.

Sessão 3. História 3 (imprimir e recortar). O que estamos trabalhando: planejamento, abstração e produção verbal.

Sessão 3. Imagens da história 3 (imprimir e recortar). O que estamos trabalhando: planejamento, abstração e produção verbal.

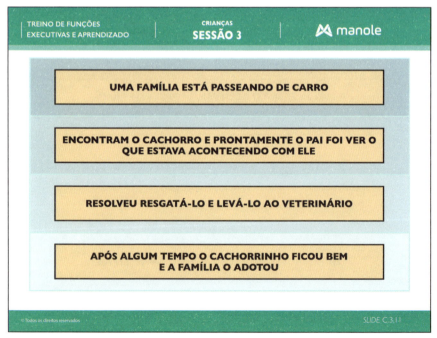

Sessão 3. História 4 (imprimir e recortar). O que estamos trabalhando: planejamento, abstração e produção verbal.

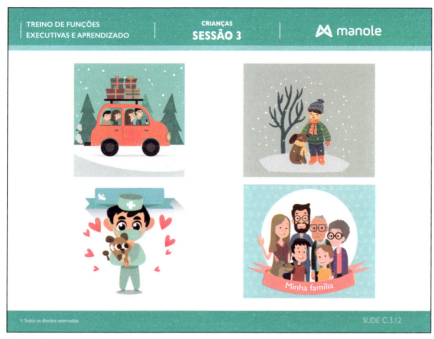

Sessão 3. Imagens da história 4 (imprimir e recortar). O que estamos trabalhando: planejamento, abstração e produção verbal.

Sessão 3. Jogo dos 7 erros da história 1 (imprimir e recortar). O que estamos trabalhando: planejamento, abstração e produção verbal.

Sessão 3. Jogo dos 7 erros da história 2 (imprimir e recortar) – história da pipa. O que estamos trabalhando: planejamento, abstração e produção verbal.

Sessão 3. Jogo dos 7 erros da história 3 (imprimir e recortar). O que estamos trabalhando: planejamento, abstração e produção verbal.

Sessão 3. Jogo dos 7 erros da história 4 (imprimir e recortar). O que estamos trabalhando: planejamento, abstração e produção verbal.

Sessão 5. Cartão das palavras das rimas. O que estamos trabalhando: flexibilidade cognitiva, linguagem (rima).

168 TREINO DE FUNÇÕES EXECUTIVAS E APRENDIZADO

Sessão 5. Palavras que devem ser separadas (individualmente) (imprimir e recortar).
O que estamos trabalhando: flexibilidade cognitiva, linguagem (rima).

Sessão 5. Palavras que devem ser separadas (individualmente) (imprimir e recortar).
O que estamos trabalhando: flexibilidade cognitiva, linguagem (rima).

SLIDES — CRIANÇAS 169

VERÃO	LIMBO	VELA	VENDA
CURTO	SOMA	PINÇA	FILME
PELO	SANTA	CORTE	RODO

SLIDE C.5.4

Sessão 5. Palavras que devem ser separadas (individualmente) (imprimir e recortar). O que estamos trabalhando: flexibilidade cognitiva, linguagem (rima).

A menina estava brincando com o cão no quintal.

A vida da bailarina mudou depois que ganhou o prêmio.

O gato se assustou com o assobio do garoto.

A criança não queria parar de brincar.

O menino levou o chinelo em uma viagem e acabou perdendo.

A moça colocou o creme favorito em seu bolo.

O brinquedo do garoto ficou sem a mola.

A criança estava se sentindo mais forte depois de ter comido tudo.

SLIDE C.5.5

Sessão 5. Frases invertidas (imprimir e recortar). As frases devem ser separadas, pois serão distribuídas. O que estamos trabalhando: flexibilidade cognitiva, linguagem (rima).

TREINO DE FUNÇÕES EXECUTIVAS E APRENDIZADO

TREINO DE FUNÇÕES EXECUTIVAS E APRENDIZADO | **CRIANÇAS SESSÃO 5** | **manole**

A	E	I	O	U	BA	BE	BI	BO	BU
BÃO	CA	CE	CI	CO	CU	CÃO	DA	DE	DI
DO	DU	DÃO	FA	FE	FI	FO	FU	FÃO	GA
GE	GI	GO	GU	GÃO	HA	HE	HI	HO	HU
JA	JE	JI	JO	JU	JÃO	LA	LE	LI	LO
LU	LÃO	MA	ME	MI	MO	MU	MÃO	NA	NE
NI	NO	NU	NÃO	PA	PE	PI	PO	PU	PÃO
QUA	QUE	QUI	QUO	QUÃO	RA	RE	RI	RO	RU
RÃO	SA	SE	SI	SO	SU	SÃO	TA	TE	TI
TO	TU	TÃO	VA	VE	VI	VO	VU	VÃO	XA
XE	XI	XO	XU	XÃO	ZA	ZE	ZI	ZO	ZU
ZÃO									

© Todos os direitos reservados   SLIDE C.5.6

Sessão 5. Jogo das sílabas malucas (imprimir e recortar). O que estamos trabalhando: flexibilidade cognitiva, linguagem (rima).

TREINO DE FUNÇÕES EXECUTIVAS E APRENDIZADO | **CRIANÇAS SESSÃO 5** | **manole**

QUA	QUE	QUI	QUO	BRA	BRE	BRI	BRO	BRU	CRA
CRE	CRI	CRO	CRU	DRA	DRE	DRI	DRO	DRU	FRA
FRE	FRI	FRO	FRU	GRA	GRE	GRI	GRO	GRU	PRA
PRE	PRI	PRO	PRU	TRA	TRE	TRI	TRO	TRU	VRA
VRE	VRI	VRO	VRU	BLA	BLE	BLI	BLO	BLU	CLA
CLE	CLI	CLO	CLU	FLA	FLE	FLI	FLO	FLU	GLA
GLE	GLI	GLO	GLU	PLA	PLE	PLI	PLO	PLU	TLA
TLE	TLI	TLO	TLU	VLA	VLE	VLI	VLO	VLU	CHA
CHE	CHI	CHO	CHU	NHA	NHE	NHI	NHO	NHU	LHA
LHE	LHI	LHO	LHU	GUA	GUE	GUI	GUO	AN	EN
IN	ON	UN	AR	ER	IT	OR	UR	AS	ES
IS	OS	US	AL	EL	IL	OL	UL	ANS	ENS
INS	ONS	UNS	AM	EM	IM	OM	UM		

© Todos os direitos reservados   SLIDE C.5.7

Sessão 5. Jogo das sílabas malucas (imprimir e recortar). O que estamos trabalhando: flexibilidade cognitiva, linguagem (rima).

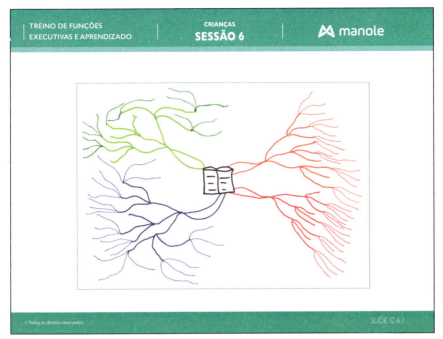

Sessão 6. Mapa mental. O que estamos trabalhando: abstração, mapa mental.

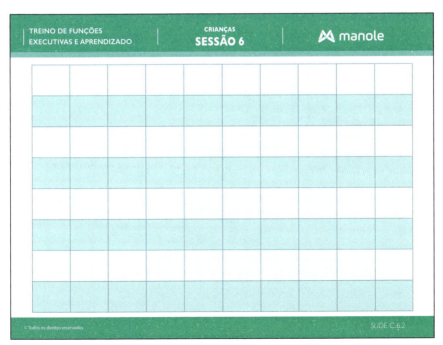

Sessão 6. Tabuleiro para cruzada com as palavras da história. O que estamos trabalhando: abstração, mapa mental.

Sessão 6. Histórias ocultas.

Sessão 6. Histórias ocultas.

Sessão 6. Histórias ocultas.

Sessão 6. Histórias ocultas.

174 TREINO DE FUNÇÕES EXECUTIVAS E APRENDIZADO

Sessão 6. Letras móveis para cruzada com as palavras da história (imprimir e recortar). Imprimir 8 cópias e recortar separando as letras. O que estamos trabalhando: abstração, mapas conceituais.

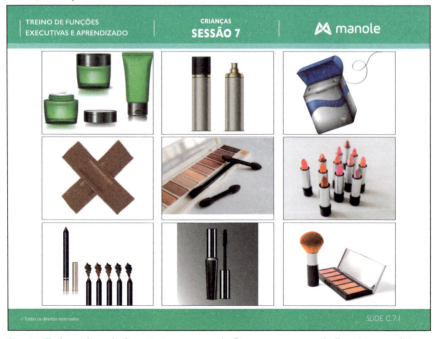

Sessão 7. Jogo da mala (imprimir e recortar). O que estamos trabalhando: memória operacional, automonitoramento.

Sessão 7. Jogo da mala (imprimir e recortar). O que estamos trabalhando: memória operacional, automonitoramento.

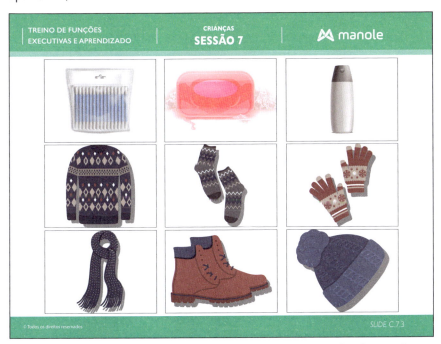

Sessão 7. Jogo da mala (imprimir e recortar). O que estamos trabalhando: memória operacional, automonitoramento.

176 TREINO DE FUNÇÕES EXECUTIVAS E APRENDIZADO

Sessão 7. Jogo da mala (imprimir e recortar). O que estamos trabalhando: memória operacional, automonitoramento.

Sessão 7. Jogo da mala (imprimir e recortar). O que estamos trabalhando: memória operacional, automonitoramento.

SLIDES — CRIANÇAS   177

Sessão 7. Jogo da mala (imprimir e recortar). O que estamos trabalhando: memória operacional, automonitoramento.

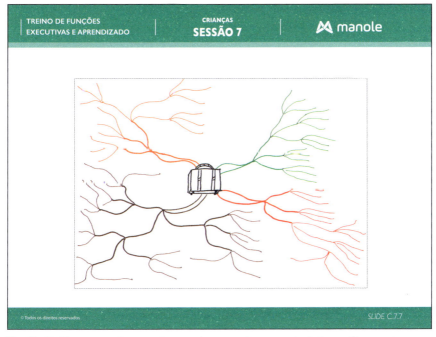

Sessão 7. Mapa mental com palavras e imagens do que poderia levar. O que estamos trabalhando: memória operacional, automonitoramento.

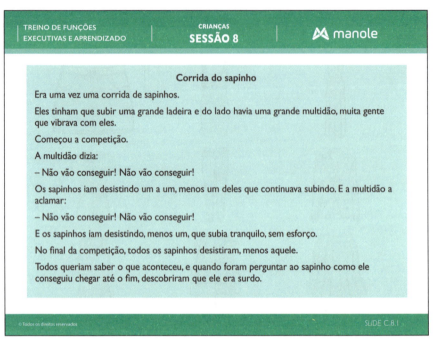

Sessão 8. História "Corrida do sapinho" (ficha inteira).

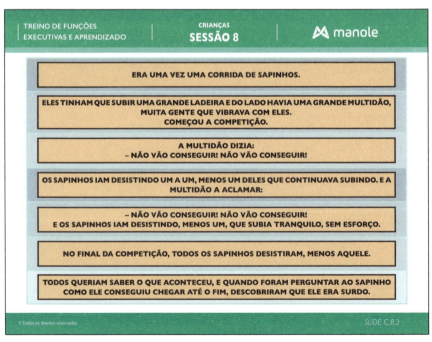

Sessão 8. História "Corrida do sapinho" (ficha em tiras).

SESSÃO 8 — CRIANÇAS

C	O	R	R	I	D	A	Q	W	E
O	T	L	A	R	I	N	H	O	S
M	F	S	A	P	I	N	H	O	T
P	Y	A	S	U	R	D	O	F	V
E	L	D	A	M	N	B	C	V	D
T	X	M	U	L	T	I	D	Ã	O
I	G	I	H	J	K	L	S	A	A
Ç	N	R	T	J	W	C	B	U	M
A	C	O	N	T	E	C	E	U	O
O	S	V	O	N	L	E	C	E	U

SLIDE C.8.3

Sessão 8. Caça-palavras da história "Corrida do sapinho" (palavras a serem encontradas: corrida, sapinho, multidão, surdo, competição, aconteceu).

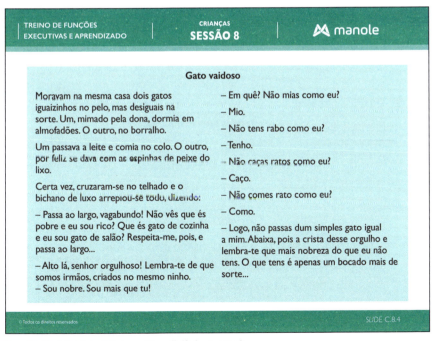

Sessão 8. História "Gato vaidoso" (ficha inteira).

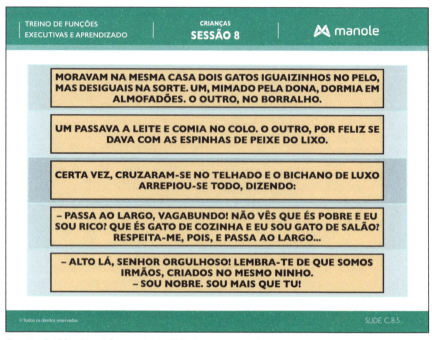

Sessão 8. História "Gato vaidoso" (ficha em tiras) (*continua*).

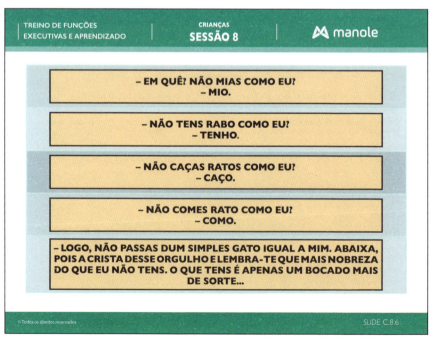

Sessão 8. (*Continuação.*) História "Gato vaidoso" (ficha em tiras).

SLIDES — CRIANÇAS 181

| TREINO DE FUNÇÕES EXECUTIVAS E APRENDIZADO | CRIANÇAS SESSÃO 8 | manole |

C	A	S	A	Q	W	E	R	T	Y	I	I
A	S	D	F	G	J	K	A	L	Z	X	C
I	G	U	A	L	Z	I	N	H	O	V	V
B	N	M	Q	E	W	E	I	T	Y	S	I
I	O	P	Q	I	D	S	M	F	G	O	J
J	P	K	L	T	Z	C	A	X	N	R	M
P	E	I	X	E	Q	E	D	W	T	T	U
I	L	O	P	M	N	Y	O	T	R	E	O
D	O	R	M	I	A	I	S	J	J	X	C
N	S	B	S	F	D	H	J	K	O	W	T
E	V	B	Q	E	W	R	T	Y	U	I	N
P	H	J	F	E	E	H	O	O	A	X	C

SLIDE C.8.7

Sessão 8. Caça-palavras da história "Gato vaidoso" (palavras a serem encontradas: dormia, peixe, pelos, casa, igualzinho, animados, sorte, leite).

| TREINO DE FUNÇÕES EXECUTIVAS E APRENDIZADO | CRIANÇAS SESSÃO 8 | manole |

Os viajantes e o urso

Dois homens viajavam juntos através de uma densa floresta, quando, de repente, sem que nenhum deles esperasse, no caminho à frente deles um enorme urso surgiu do meio da vegetação.

Um dos viajantes, de olho em sua própria segurança, não pensou duas vezes, correu e subiu numa árvore.

Ao outro, incapaz de enfrentar aquela enorme fera sozinho, restou deitar-se no chão e permanecer imóvel, fingindo-se de morto. Ele já escutara que um Urso, e outros animais, não tocam em corpos de mortos.

Isso pareceu ser verdadeiro, pois o Urso se aproximou dele, cheirou sua cabeça de cima para baixo, e então, aparentemente satisfeito e convencido de que ele estava de fato morto, foi embora tranquilamente.

O homem que estava em cima da árvore então desceu. Curioso com a cena que viu lá de cima, ele perguntou:

"Curioso, pareceu-me que o Urso estava sussurrando alguma coisa em seu ouvido. Ele lhe disse algo?"

"De fato, ele falou sim!", respondeu o outro. "Disse que não é nada sábio e sensato de minha parte andar na companhia de um amigo que no primeiro momento de aflição me deixa na mão..."

SLIDE C.8.8

Sessão 8. História "Os viajantes e o urso" (ficha inteira).

182 TREINO DE FUNÇÕES EXECUTIVAS E APRENDIZADO

Sessão 8. História "Os viajantes e o urso" (ficha em tiras).

C	A	S	U	A	Ç	A	D	O	R	E	Á
H	R	D	R	O	D	E	R	O	S	O	R
O	A	U	S	L	Z	I	N	H	O	S	V
M	T	M	O	E	S	Á	B	I	O	O	O
E	O	P	R	I	R	S	M	F	G	R	R
N	P	K	M	T	U	A	E	Ã	O	T	E
S	E	V	I	A	J	A	N	T	E	S	R
I	L	O	D	M	I	Y	O	T	R	R	A
D	C	U	R	I	O	S	O	J	J	X	D
N	S	B	L	F	O	H	J	K	O	W	O
E	V	B	H	E	W	R	T	Y	U	I	N
P	F	L	O	R	E	S	T	A	A	X	C

Sessão 8. Caça-palavras da história "Os viajantes e o Urso" (palavras a serem encontradas: urso, homens, curioso, viajantes, floresta, árvore, sábio).

SLIDES — CRIANÇAS   183

| TREINO DE FUNÇÕES EXECUTIVAS E APRENDIZADO | CRIANÇAS SESSÃO 8 | manole |

O leão e o ratinho

Um Leão dormia sossegado, quando foi despertado por um Rato, que passou correndo sobre seu rosto.

Com um bote ágil ele o pegou, e estava pronto para matá-lo, ao que o Rato suplicou:

"Ora, veja bem, se o senhor me poupasse, tenho certeza de que um dia poderia retribuir seu gesto de bondade..."

Apesar de rir por achar ridícula e improvável tal possibilidade, ainda assim, como não tinha nada a perder, ele resolveu libertá-lo.

Aconteceu que, pouco tempo depois, o Leão caiu numa armadilha colocada por caçadores. Assim, preso ao chão, amarrado por fortes cordas, completamente indefeso e refém do fatídico destino que certamente o aguardava, sequer podia mexer-se.

O Rato, reconhecendo seu rugido, aproximou-se e roeu as cordas até deixá-lo livre. Então disse:

"O senhor riu da simples ideia de que eu, um dia, seria capaz de retribuir seu favor. Mas agora sabe que, mesmo um pequeno Rato é capaz de fazer um grande favor a um poderoso Leão..."

SLIDE C.8.11

Sessão 8. História "O leão e o ratinho" (ficha inteira).

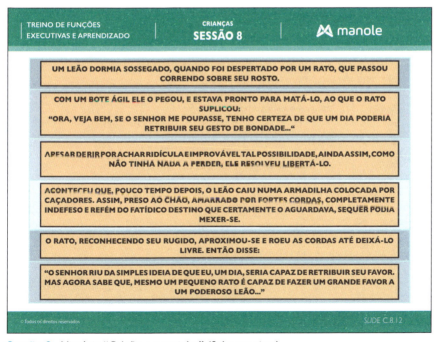

Sessão 8. História "O leão e o ratinho" (ficha em tiras).

C	A	S	C	A	Ç	A	D	O	R	E	S
A	R	D	P	O	D	E	R	O	S	O	C
I	A	U	A	L	Z	I	N	H	O	S	A
B	T	M	A	E	W	L	E	Ã	O	O	M
I	O	P	R	I	R	S	M	F	G	R	A
J	P	K	M	T	U	Z	E	Ã	O	T	R
P	E	I	A	E	G	E	D	W	T	E	R
I	L	O	D	M	I	Y	O	T	R	R	A
D	O	R	I	I	D	I	S	J	J	X	D
N	S	B	L	F	O	H	J	K	O	W	O
E	V	B	H	E	W	R	T	Y	U	I	N
P	H	J	A	E	E	H	O	O	A	X	C

Sessão 8. Caça-palavras da "História do leão e o ratinho" (palavras a serem encontradas: leão, rato, armadilha, caçadores, amarrado, poderoso, rugido).

- Fiz um desenho utilizando uma tesoura.
- O meu amigo adoçou o café com sal.
- A mãe colocou a água para esquentar na geladeira.
- As crianças foram assistir um filme no teatro.
- O cachorro não parava de miar
- O frio fez a menina usar o seu melhor biquíni.
- O peixe estava andando livremente no parque.
- O menino escreveu um poema com a borracha.

Sessão 10. Frases absurdas que devem ser cortadas em tiras.

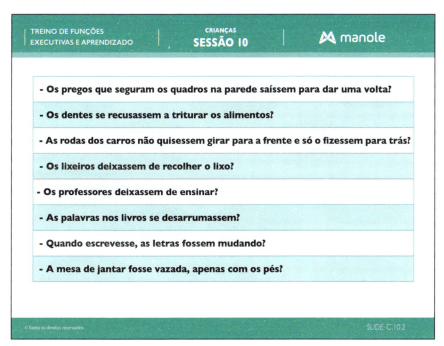

Sessão 10. Frases absurdas que devem ser cortadas em tiras.

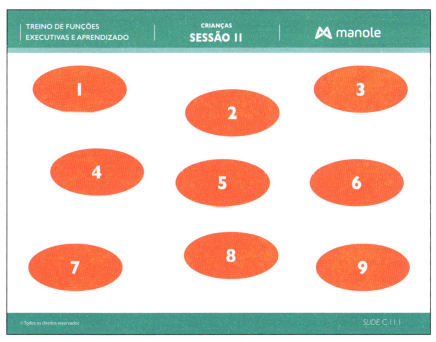

Sessão 11. Tabuleiro com 9 lugares tamanho: 29 x 29.

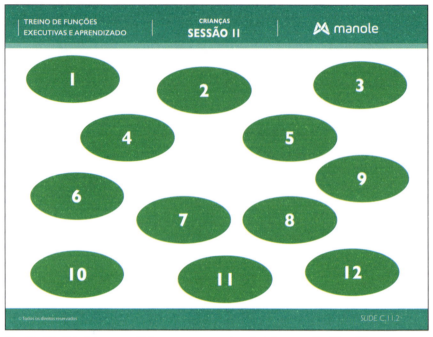

Sessão 11. Tabuleiro com 12 lugares – verso do tabuleiro com 9 – 29 x 29.

Sessão 11. *Kit* animais para recortar. Devem ser do tamanho das marcas do tabuleiro. Animais: jacaré, cão, ovelha, gato, leão, vaca, porco, macaco, boi, tartaruga, rato e hipopótamo.

SLIDES — CRIANÇAS   187

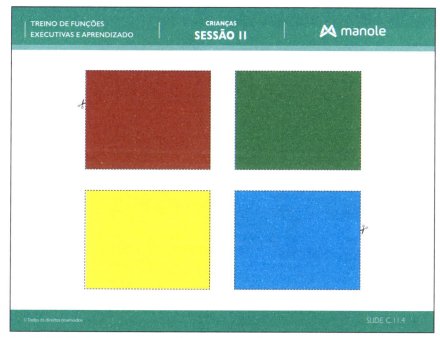

Sessão 11. Sinal movimento atenção para ver (cartão estímulo colorido para recortar).

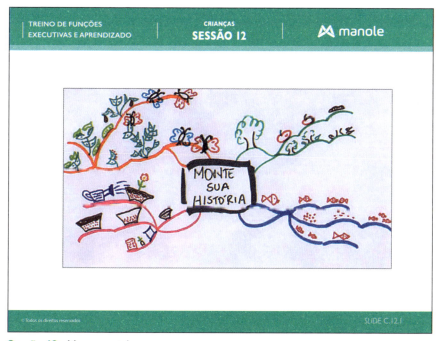

Sessão 12. Mapa mental.

Sessão 12. Baralho das emoções.

Sessão 12. Baralho das emoções.

Sessão 12. Baralho das emoções.

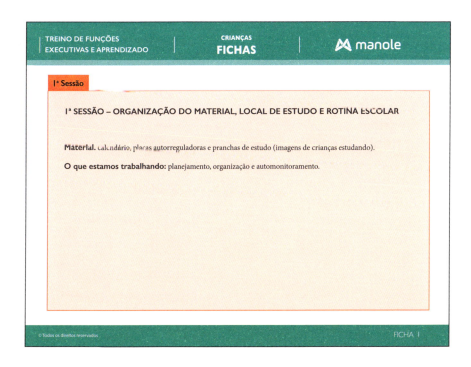

190 TREINO DE FUNÇÕES EXECUTIVAS E APRENDIZADO

TREINO DE FUNÇÕES
EXECUTIVAS E APRENDIZADO | CRIANÇAS **FICHAS** | **manole**

1ª Sessão – 1

Material: *kit* calendários (devem ser distribuídos aos pais) e folha para anotações individuais do avaliador.

■ A primeira sessão inicia-se com as crianças e os pais, que devem trazer seus materiais escolares para determinar estratégias de organização dos materiais e da agenda de estudo.
■ Caso o grupo já esteja em andamento e tenha um novo membro, este deve fazer a primeira sessão separadamente com o profissional, para depois entrar no grupo na sessão equivalente.

Apresentação: (Apresentar-se primeiro)

"Vou fazer perguntas às crianças e vocês pais não podem ajudar, vamos deixá-los responder. Vou pedir para cada um falar seu nome, idade, qual a escola que estuda, o período e a série." [Caso a criança não consiga, solicitar ajuda dos pais.]

"Nós vamos ter 12 encontros, com atividades diferentes, sendo que os pais só vão participar desta primeira e as demais só estarão vocês. Assim, é muito importante que vocês possam explicar aos seus pais o que fizemos e o que foi aprendido em cada sessão."

© Todos os direitos reservados   FICHA 2

TREINO DE FUNÇÕES
EXECUTIVAS E APRENDIZADO | CRIANÇAS **FICHAS** | **manole**

1ª Sessão – 2

Material: *kit* calendários (devem ser distribuídos aos pais) e folha para anotações individuais do avaliador (*continuação*)

"Em todo o percurso de nosso trabalho, vou utilizar placas indicativas, como se fossem semáforos para carros. Vocês sabem para que funciona um semáforo? O verde, o vermelho e o amarelo? Então, o mesmo será feito aqui, mas de forma diferente." [Apresentar cada placa e falar para que servem.]

"Para começarmos nosso trabalho, vamos ter que iniciar organizando nossos principais materiais que são utilizados na escola. Quem sabe o que significa organizar? Quem acha que é organizado, quem acha que não é? Por quê? Como podem melhorar?

■ Questionar as crianças sobre o material escolar e por que deve ser completo e organizado. Complementar as suas observações, explicando para os pais e as crianças a sua importância.

© Todos os direitos reservados   FICHA 3

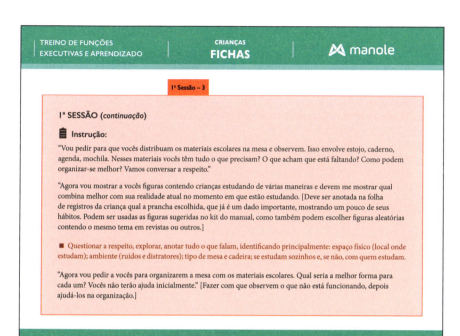

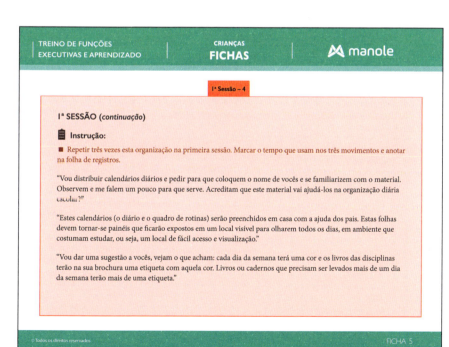

TREINO DE FUNÇÕES EXECUTIVAS E APRENDIZADO

TREINO DE FUNÇÕES EXECUTIVAS E APRENDIZADO | **CRIANÇAS FICHAS** | **manole**

Orientação 1

CONVERSANDO E ORIENTANDO OS PAIS E AS CRIANÇAS

■ A rotina da criança deve ser registrada diariamente, envolvendo todas as atividades escolares, assim como eventos familiares e compromissos em geral, com o intuito da criança se organizar da melhor forma possível.

■ Sempre que terminar uma tarefa, deve rever se tudo foi feito, cancelando então no seu calendário geral e diário.

■ O espaço físico de trabalho deve ser em local sem ruídos ou distratores, para que a criança possa ter maior domínio atencional à tarefa. A mesa e cadeira devem ser adequadas, evitando que faça a lição no chão, sofá ou outro local em que não consiga organizar o material escolar.

© Todos os direitos reservados

FICHA 6

TREINO DE FUNÇÕES EXECUTIVAS E APRENDIZADO | **CRIANÇAS FICHAS** | **manole**

Orientação 2

CONVERSANDO E ORIENTANDO OS PAIS E AS CRIANÇAS (*continuação*)

Estabelecendo uma rotina: é importante que a criança tenha um horário fixo para estudar, pois assim já é estabelecido um padrão mental, facilitando para que fique voltada para aquela atividade, sabendo que não terá outra coisa para fazer a não ser estudar.

■ Mesmo nos dias em que não tenha lição, ela deve realizar alguma atividade referente, como ler um livro por exemplo.

■ Nunca deve realizar a tarefa sem estar devidamente alimentada ou logo após chegar da escola, devendo primeiramente descansar.

■ Os pais ou aqueles que auxiliam a criança no momento da lição devem evitar críticas negativas, para não tornar o evento continuamente estressante.

Obs.: caso a criança não esteja estudando, o ítem que diz respeito ao momento da lição deve ser desconsiderado.

© Todos os direitos reservados

FICHA 7

SLIDES — CRIANÇAS   193

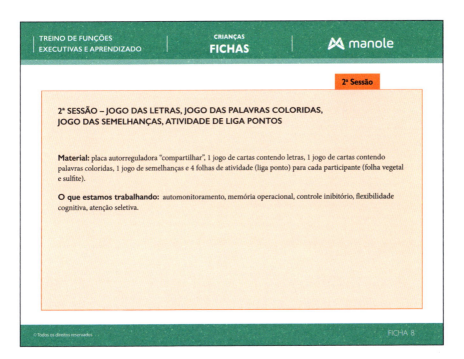

2ª SESSÃO – JOGO DAS LETRAS, JOGO DAS PALAVRAS COLORIDAS, JOGO DAS SEMELHANÇAS, ATIVIDADE DE LIGA PONTOS

Material: placa autorreguladora "compartilhar", 1 jogo de cartas contendo letras, 1 jogo de cartas contendo palavras coloridas, 1 jogo de semelhanças e 4 folhas de atividade (liga ponto) para cada participante (folha vegetal e sulfite).

O que estamos trabalhando: automonitoramento, memória operacional, controle inibitório, flexibilidade cognitiva, atenção seletiva.

FICHA 8

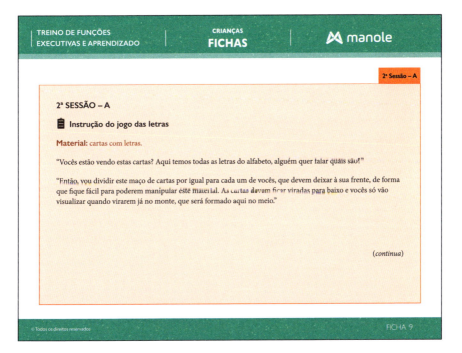

2ª SESSÃO – A

Instrução do jogo das letras

Material: cartas com letras.

"Vocês estão vendo estas cartas? Aqui temos todas as letras do alfabeto, alguém quer falar quais são?"

"Então, vou dividir este maço de cartas por igual para cada um de vocês, que devem deixar à sua frente, de forma que fique fácil para poderem manipular este material. As cartas devem ficar viradas para baixo e vocês só vão visualizar quando virarem já no monte, que será formado aqui no meio."

(continua)

FICHA 9

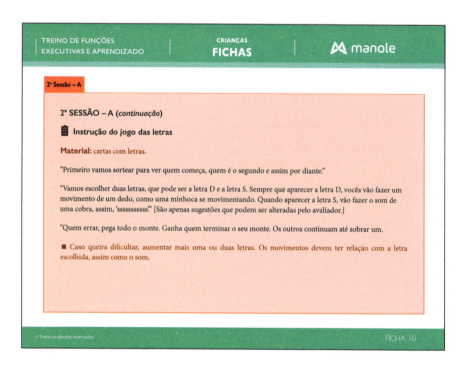

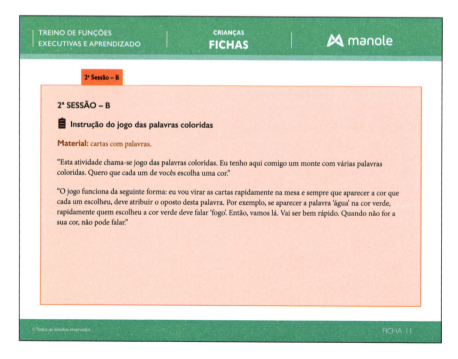

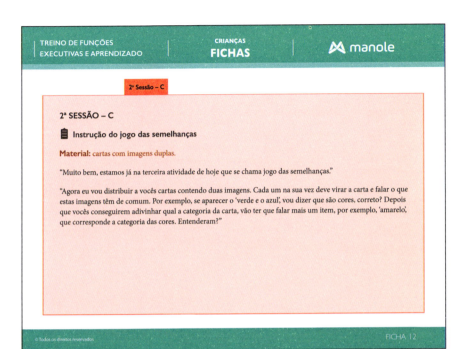

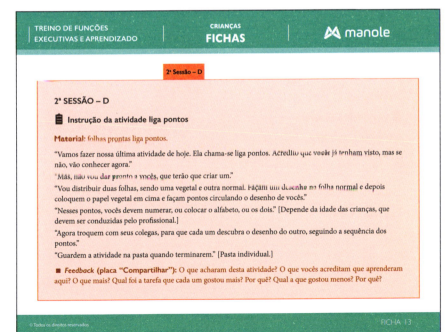

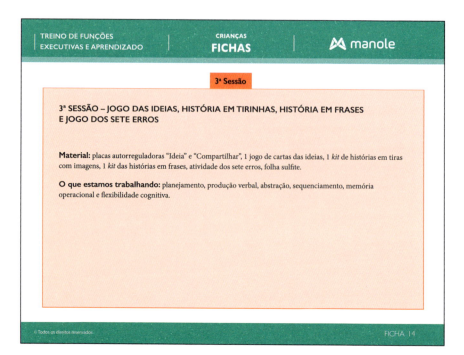

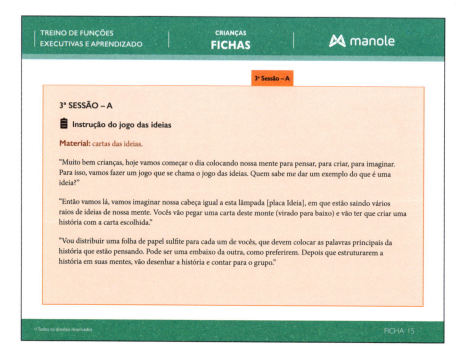

3ª SESSÃO – B

📋 **Instrução da história em tiras com desenhos e frases**

Material: tirinhas de quatro histórias em desenho e frases delas separadas.

"Neste primeiro momento, vou dar a vocês uma história em pedaços e devem montá-la, colocá-la em ordem, com começo, meio e fim. Depois, cada um contará a sua história. Mas vamos tentar fazer efeitos especiais? Como se fosse uma história em quadrinhos? Quem não conhece uma história em quadrinhos? Então, como exemplo, se o menino cai no chão, que barulho seria?"

"Agora vamos fazer uma brincadeira. Vocês vão contar a história do fim para o começo. O que será que vai acontecer?"

"Vou distribuir para vocês frases da história do amigo, ninguém vai pegar a mesma história e vocês vão ter que colocar as frases em ordem."

FICHA 16

3ª SESSÃO – C

📋 **Instrução do jogo dos sete erros**

Material: atividade folhas dos sete erros.

"Será distribuída a vocês uma folha contendo uma cena da história que **montaram**, só que são duas imagens quase iguais, porque uma delas está com erros e vocês vão ter que descobrir quais são. São sete erros no total."

"Guardem o material de vocês na pasta.

■ *Feedback* (placa "Compartilhar"): O que acharam desta atividade? O que vocês acreditam que aprenderam aqui? O que mais? Qual foi a tarefa que cada um gostou mais? Por quê? Qual a que gostou menos? Por quê?

FICHA 17

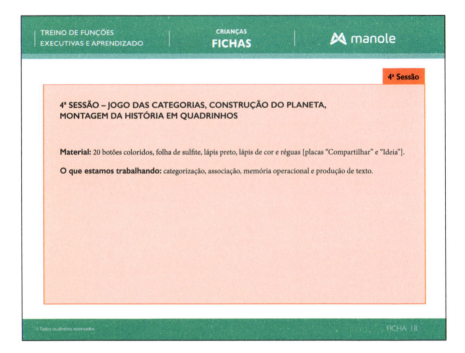

SLIDES — CRIANÇAS   199

| TREINO DE FUNÇÕES EXECUTIVAS E APRENDIZADO | CRIANÇAS **FICHAS** | manole |

4ª Sessão – A

4ª SESSÃO – A (*continuação*)

📋 **Instrução do jogo das categorias**

Material: botões coloridos.

"Agora vamos começar. Eu vou colocar todos os botões neste saquinho para que não vejam. O primeiro vai pegar um botão sem ver e tem que falar um nome para aquela categoria. Exemplo: botão 'vermelho' se refere à categoria 'alimento' e a resposta pode ser 'arroz'."

"Depois o segundo faz a mesma coisa. Vocês devem anotar as palavras faladas."

"Entenderam? Posso explicar novamente."

"Quem não conseguir vai ter que fazer uma cara maluca, uma careta!"

Obs.: Caso o grupo seja formado por crianças mais comprometidas ou com pouca maturidade, o avaliador pode diminuir uma cor ou até duas.

FICHA 20

| TREINO DE FUNÇÕES EXECUTIVAS E APRENDIZADO | CRIANÇAS **FICHAS** | manole |

4ª Sessão – B

4ª SESSÃO – B

📋 **Instrução da construção do planeta**

Material: folha de papel sulfite e lápis de cor.

"Agora nós vamos pegar todas essas palavras que vocês falaram e anotaram [ou o avaliador] e vão criar um planeta. Mas será que se lembram das palavras sem olhar? Quem consegue falar?"

"Cada um terá o seu planeta, então, coloquem um nome. Os itens que falaram [das categorias] devem estar no planeta de vocês. Vamos lá. Vamos desenhar!"

"Agora cada um vai contar sobre seu planeta. Vamos brincar um pouquinho? Quais são as coisas boas do planeta de cada um? E as coisas ruins? Tem problemas, como solucionar? O amigo pode ajudar?"

FICHA 21

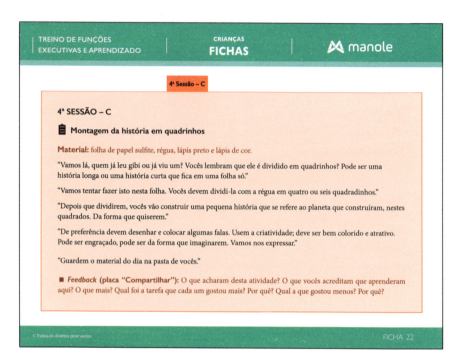

4ª SESSÃO – C

Montagem da história em quadrinhos

Material: folha de papel sulfite, régua, lápis preto e lápis de cor.

"Vamos lá, quem já leu gibi ou já viu um? Vocês lembram que ele é dividido em quadrinhos? Pode ser uma história longa ou uma história curta que fica em uma folha só."

"Vamos tentar fazer isto nesta folha. Vocês devem dividi-la com a régua em quatro ou seis quadrinhos."

"Depois que dividirem, vocês vão construir uma pequena história que se refere ao planeta que construíram, nestes quadrados. Da forma que quiserem."

"De preferência devem desenhar e colocar algumas falas. Usem a criatividade; deve ser bem colorido e atrativo. Pode ser engraçado, pode ser da forma que imaginarem. Vamos nos expressar."

"Guardem o material do dia na pasta de vocês."

- *Feedback* (placa "Compartilhar"): O que acharam desta atividade? O que vocês acreditam que aprenderam aqui? O que mais? Qual foi a tarefa que cada um gostou mais? Por quê? Qual a que gostou menos? Por quê?

FICHA 22

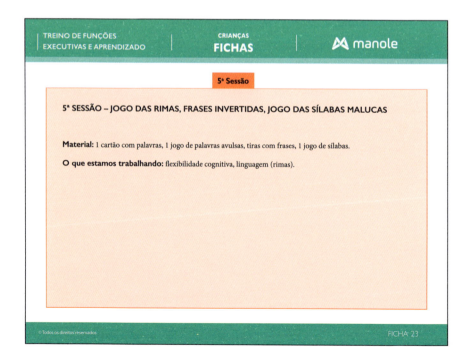

5ª SESSÃO – JOGO DAS RIMAS, FRASES INVERTIDAS, JOGO DAS SÍLABAS MALUCAS

Material: 1 cartão com palavras, 1 jogo de palavras avulsas, tiras com frases, 1 jogo de sílabas.

O que estamos trabalhando: flexibilidade cognitiva, linguagem (rimas).

FICHA 23

SLIDES — CRIANÇAS 201

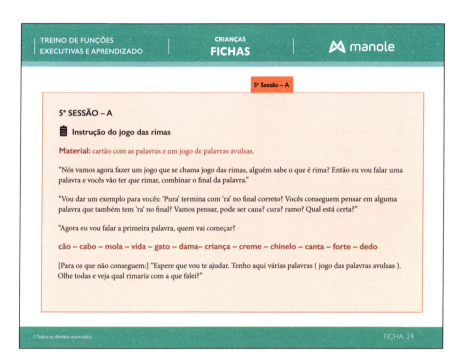

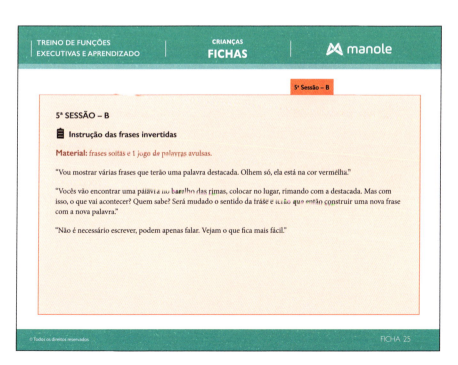

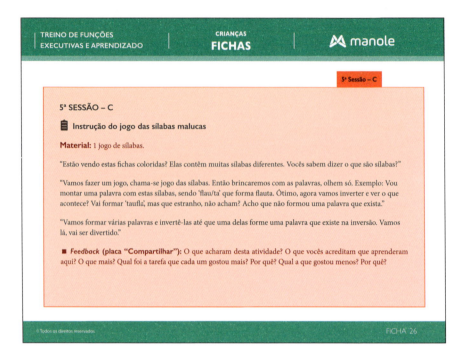

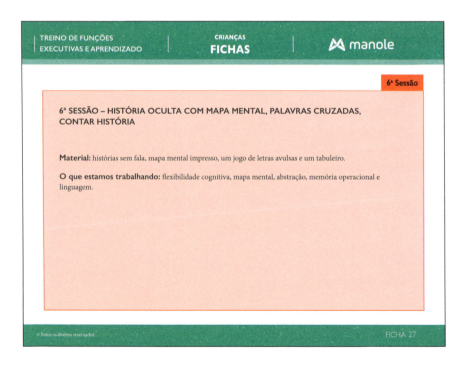

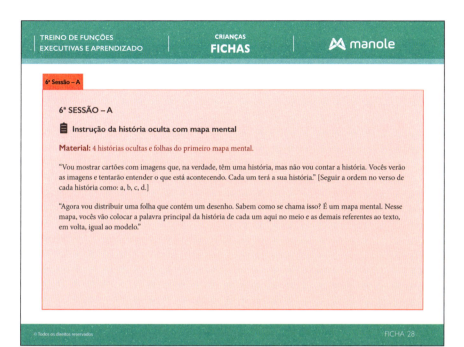

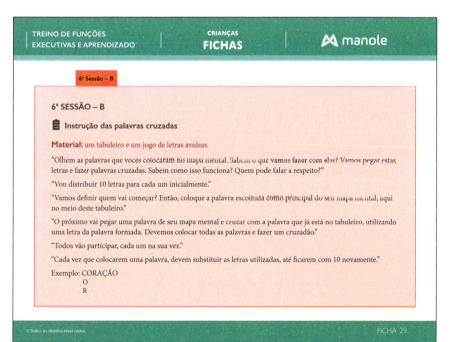

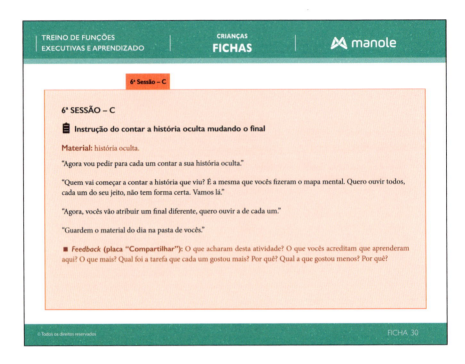

6ª SESSÃO – C

📋 **Instrução do contar a história oculta mudando o final**

Material: história oculta.

"Agora vou pedir para cada um contar a sua história oculta."

"Quem vai começar a contar a história que viu? É a mesma que vocês fizeram o mapa mental. Quero ouvir todos, cada um do seu jeito, não tem forma certa. Vamos lá."

"Agora, vocês vão atribuir um final diferente, quero ouvir a de cada um."

"Guardem o material do dia na pasta de vocês."

▪ **Feedback (placa "Compartilhar"):** O que acharam desta atividade? O que vocês acreditam que aprenderam aqui? O que mais? Qual foi a tarefa que cada um gostou mais? Por quê? Qual a que gostou menos? Por quê?

FICHA 30

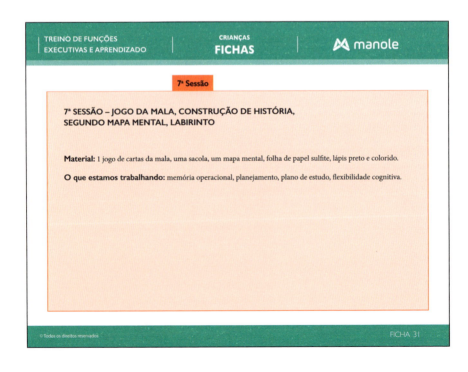

7ª SESSÃO – JOGO DA MALA, CONSTRUÇÃO DE HISTÓRIA, SEGUNDO MAPA MENTAL, LABIRINTO

Material: 1 jogo de cartas da mala, uma sacola, um mapa mental, folha de papel sulfite, lápis preto e colorido.

O que estamos trabalhando: memória operacional, planejamento, plano de estudo, flexibilidade cognitiva.

FICHA 31

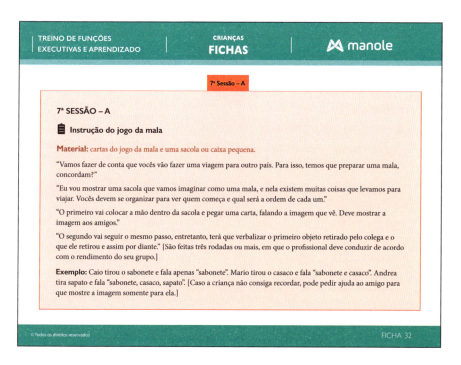

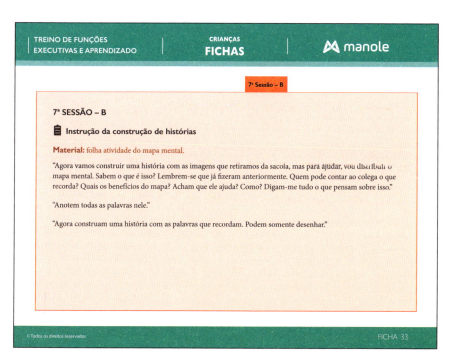

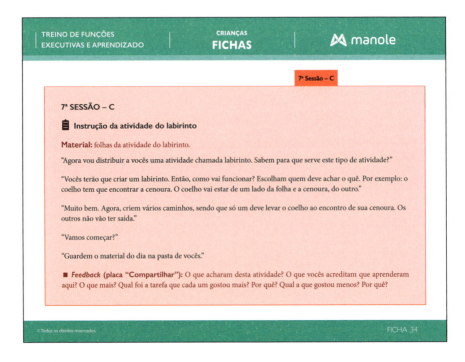

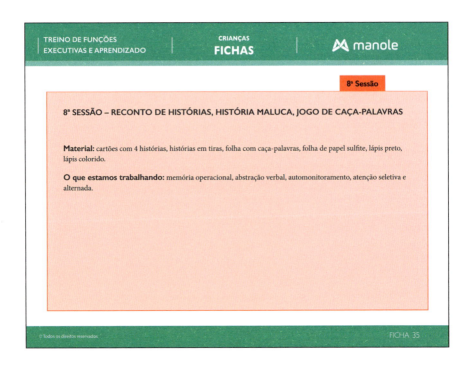

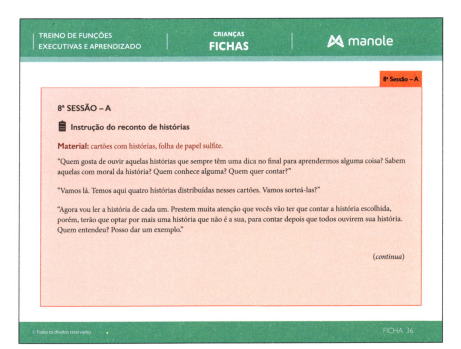

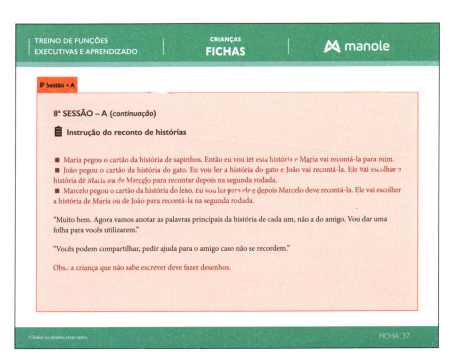

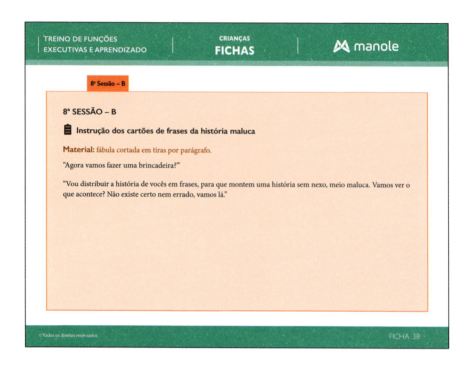

8ª SESSÃO – B

📋 **Instrução dos cartões de frases da história maluca**

Material: fábula cortada em tiras por parágrafo.

"Agora vamos fazer uma brincadeira?"

"Vou distribuir a história de vocês em frases, para que montem uma história sem nexo, meio maluca. Vamos ver o que acontece? Não existe certo nem errado, vamos lá."

FICHA 38

8ª SESSÃO – C

📋 **Instrução do jogo caça-palavras**

Material: atividade com caça-palavras referente à história de cada um.

"Agora vamos ver se encontramos as palavras da história de cada um? Olhem só, vou distribuir uma folha com um monte de letras que se cruzam, que podemos chamar de caça-palavras. Alguém conhece?" [Explorar.]

"Vocês devem pegar as palavras que anotaram e procurar nessa folha, que podem estar na horizontal e na vertical. Quem sabe o que quer dizer horizontal e vertical?"

"Abaixo da folha estão anotadas quantas palavras devem encontrar e quais. Vejam se correspondem às palavras que vocês registraram. Caso não achem alguma, podem pedir para o amigo ajudar, desde que ele já tenha terminado a atividade dele."

"Terminando, guardem na pasta de vocês."

■ **Feedback (placa "Compartilhar"):** O que acharam desta atividade? O que vocês acreditam que aprenderam aqui? O que mais? Qual foi a tarefa que cada um gostou mais? Por quê? Qual a que gostou menos? Por quê?

FICHA 39

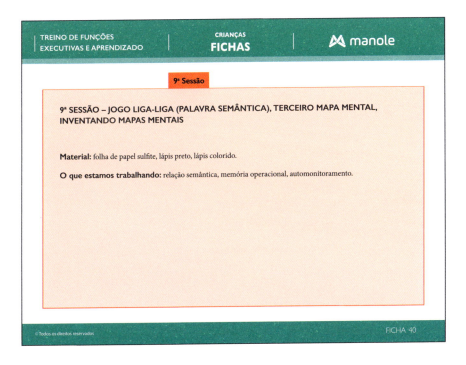

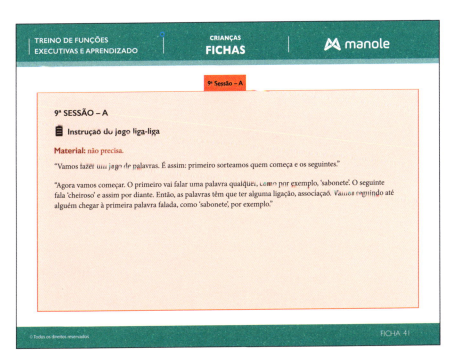

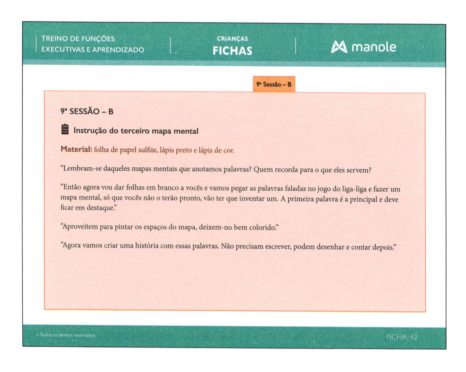

9ª SESSÃO – B

📋 **Instrução do terceiro mapa mental**

Material: folha de papel sulfite, lápis preto e lápis de cor.

"Lembram-se daqueles mapas mentais que anotamos palavras? Quem recorda para o que eles servem?"

"Então agora vou dar folhas em branco a vocês e vamos pegar as palavras faladas no jogo do liga-liga e fazer um mapa mental, só que vocês não o terão pronto, vão ter que inventar um. A primeira palavra é a principal e deve ficar em destaque."

"Aproveitem para pintar os espaços do mapa, deixem-no bem colorido."

"Agora vamos criar uma história com essas palavras. Não precisam escrever, podem desenhar e contar depois."

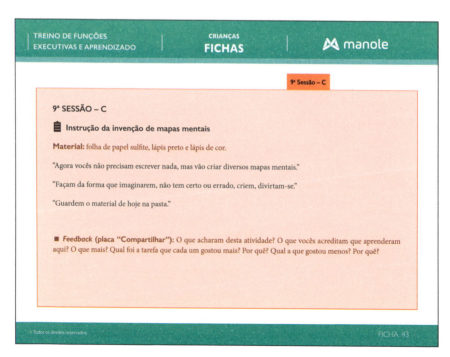

9ª SESSÃO – C

📋 **Instrução da invenção de mapas mentais**

Material: folha de papel sulfite, lápis preto e lápis de cor.

"Agora vocês não precisam escrever nada, mas vão criar diversos mapas mentais."

"Façam da forma que imaginarem, não tem certo ou errado, criem, divirtam-se."

"Guardem o material de hoje na pasta."

■ **Feedback (placa "Compartilhar"):** O que acharam desta atividade? O que vocês acreditam que aprenderam aqui? O que mais? Qual foi a tarefa que cada um gostou mais? Por quê? Qual a que gostou menos? Por quê?

10ª SESSÃO – JOGO DA CABRA CEGA, CRIAÇÃO DE FRASES ABSURDAS, TROCA DO CORPO

Material: clipes, moeda, algodão, lixa de unha, borracha, giz de cera, massinha (mole), cubo, pincel e giz (esses materiais podem ser substituídos); filipetas com frases absurdas; papel sulfite, lápis preto.

O que estamos trabalhando: memória operacional, flexibilidade cognitiva, percepção.

10ª SESSÃO – A

Instrução do jogo da cabra cega

Material: clipes, moeda, algodão, lixa de unha, borracha, giz de cera, massinha (mole), cubo, pincel e giz (esses materiais podem ser substituídos), folha de papel sulfite, lápis preto.

"Vamos ficar todos de pé, porém um de costas para o outro, em círculo, com as mãos para trás. Eu vou ficar no meio de vocês."

"Eu vou passar vários objetos para vocês, os quais devem ser mantidos nas mãos até perceberem o que pode ser. Quando conseguirem, passem adiante, para o colega ao lado. Deve ser no sentido horário. Não podem olhar o que é."

"Não podem falar alto, devem se controlar, guardar para si."

"Agora que passamos todos os objetos, quero que se sentem e registrem na folha quais os objetos que identificaram. Não vale um copiar do outro."

"Vamos ver o que conseguiram e compartilhar."

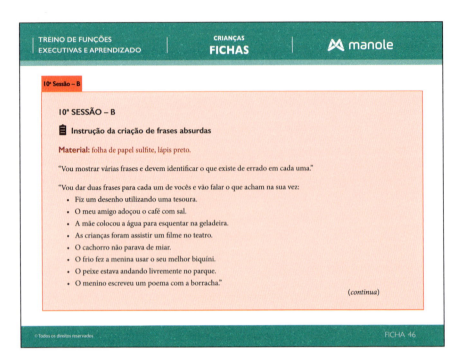

10ª SESSÃO – B

📋 **Instrução da criação de frases absurdas**

Material: folha de papel sulfite, lápis preto.

"Vou mostrar várias frases e devem identificar o que existe de errado em cada uma."

"Vou dar duas frases para cada um de vocês e vão falar o que acham na sua vez:
- Fiz um desenho utilizando uma tesoura.
- O meu amigo adoçou o café com sal.
- A mãe colocou a água para esquentar na geladeira.
- As crianças foram assistir um filme no teatro.
- O cachorro não parava de miar.
- O frio fez a menina usar o seu melhor biquíni.
- O peixe estava andando livremente no parque.
- O menino escreveu um poema com a borracha."

(*continua*)

FICHA 46

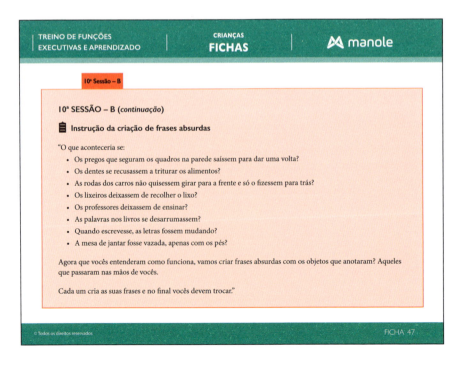

10ª SESSÃO – B (*continuação*)

📋 **Instrução da criação de frases absurdas**

"O que aconteceria se:
- Os pregos que seguram os quadros na parede saíssem para dar uma volta?
- Os dentes se recusassem a triturar os alimentos?
- As rodas dos carros não quisessem girar para a frente e só o fizessem para trás?
- Os lixeiros deixassem de recolher o lixo?
- Os professores deixassem de ensinar?
- As palavras nos livros se desarrumassem?
- Quando escrevesse, as letras fossem mudando?
- A mesa de jantar fosse vazada, apenas com os pés?

Agora que vocês entenderam como funciona, vamos criar frases absurdas com os objetos que anotaram? Aqueles que passaram nas mãos de vocês.

Cada um cria as suas frases e no final vocês devem trocar."

FICHA 47

SLIDES — CRIANÇAS 213

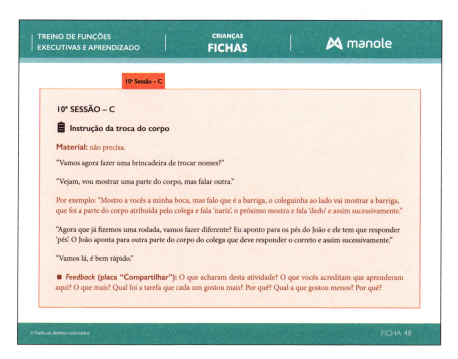

10ª SESSÃO – C

Instrução da troca do corpo

Material: não precisa.

"Vamos agora fazer uma brincadeira de trocar nomes?"

"Vejam, vou mostrar uma parte do corpo, mas falar outra."

Por exemplo: "Mostro a vocês a minha boca, mas falo que é a barriga, o coleguinha ao lado vai mostrar a barriga, que foi a parte do corpo atribuída pelo colega e fala 'nariz', o próximo mostra e fala 'dedo' e assim sucessivamente."

"Agora que já fizemos uma rodada, vamos fazer diferente? Eu aponto para os pés do João e ele tem que responder 'pés'. O João aponta para outra parte do corpo do colega que deve responder o correto e assim sucessivamente."

"Vamos lá, é bem rápido."

■ *Feedback* (placa "Compartilhar"): O que acharam desta atividade? O que vocês acreditam que aprenderam aqui? O que mais? Qual foi a tarefa que cada um gostou mais? Por quê? Qual a que gostou menos? Por quê?

FICHA 48

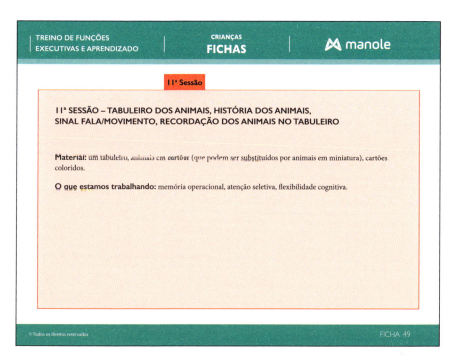

11ª SESSÃO – TABULEIRO DOS ANIMAIS, HISTÓRIA DOS ANIMAIS, SINAL FALA/MOVIMENTO, RECORDAÇÃO DOS ANIMAIS NO TABULEIRO

Material: um tabuleiro, animais em cartões (que podem ser substituídos por animais em miniatura), cartões coloridos.

O que estamos trabalhando: memória operacional, atenção seletiva, flexibilidade cognitiva.

FICHA 49

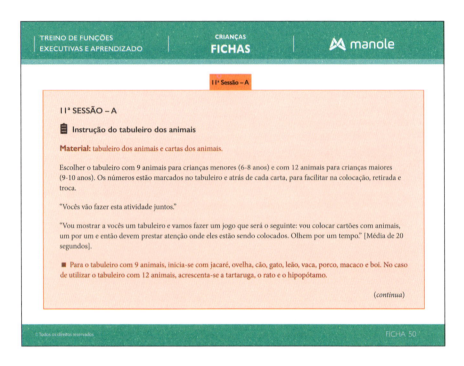

SLIDES — CRIANÇAS 215

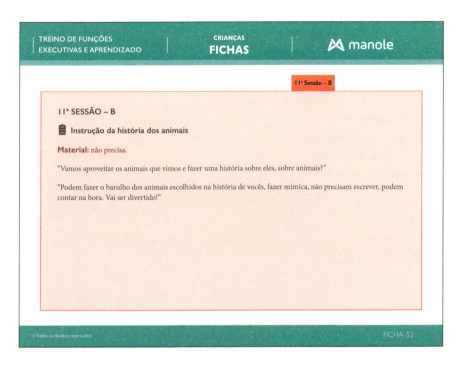

11ª SESSÃO – B

📋 **Instrução da história dos animais**

Material: não precisa.

"Vamos aproveitar os animais que vimos e fazer uma história sobre eles, sobre animais?"

"Podem fazer o barulho dos animais escolhidos na história de vocês, fazer mímica, não precisam escrever, podem contar na hora. Vai ser divertido!"

FICHA 52

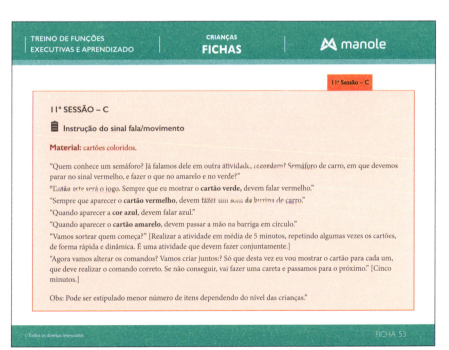

11ª SESSÃO – C

📋 **Instrução do sinal fala/movimento**

Material: cartões coloridos.

"Quem conhece um semáforo? Já falamos dele em outra atividade, recordam? Semáforo de carro, em que devemos parar no sinal vermelho, e fazer o que no amarelo e no verde?"

"Então este será o jogo. Sempre que eu mostrar o **cartão verde**, devem falar vermelho."

"Sempre que aparecer o **cartão vermelho**, devem fazer um som de buzina de carro."

"Quando aparecer a **cor azul**, devem falar azul."

"Quando aparecer o **cartão amarelo**, devem passar a mão na barriga em círculo."

"Vamos sortear quem começa?" [Realizar a atividade em média de 5 minutos, repetindo algumas vezes os cartões, de forma rápida e dinâmica. É uma atividade que devem fazer conjuntamente.]

"Agora vamos alterar os comandos? Vamos criar juntos:? Só que desta vez eu vou mostrar o cartão para cada um, que deve realizar o comando correto. Se não conseguir, vai fazer uma careta e passamos para o próximo." [Cinco minutos.]

Obs: Pode ser estipulado menor número de itens dependendo do nível das crianças."

FICHA 53

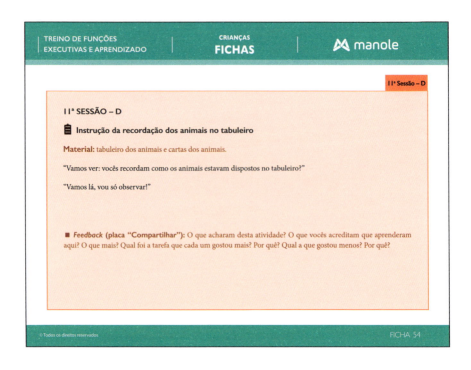

11ª SESSÃO – D

Instrução da recordação dos animais no tabuleiro

Material: tabuleiro dos animais e cartas dos animais.

"Vamos ver: vocês recordam como os animais estavam dispostos no tabuleiro?"

"Vamos lá, vou só observar!"

- *Feedback* (placa "Compartilhar"): O que acharam desta atividade? O que vocês acreditam que aprenderam aqui? O que mais? Qual foi a tarefa que cada um gostou mais? Por quê? Qual a que gostou menos? Por quê?

FICHA 54

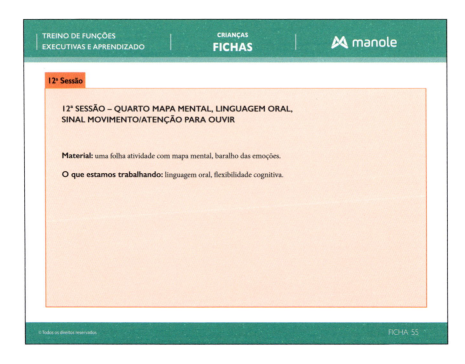

12ª Sessão

12ª SESSÃO – QUARTO MAPA MENTAL, LINGUAGEM ORAL, SINAL MOVIMENTO/ATENÇÃO PARA OUVIR

Material: uma folha atividade com mapa mental, baralho das emoções.

O que estamos trabalhando: linguagem oral, flexibilidade cognitiva.

FICHA 55

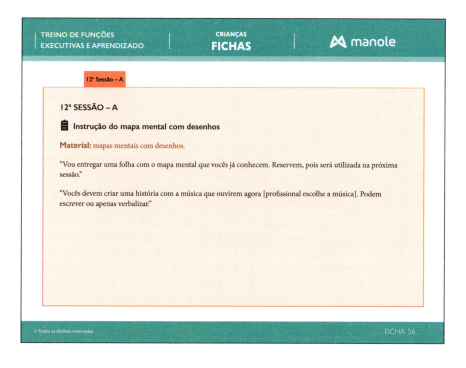

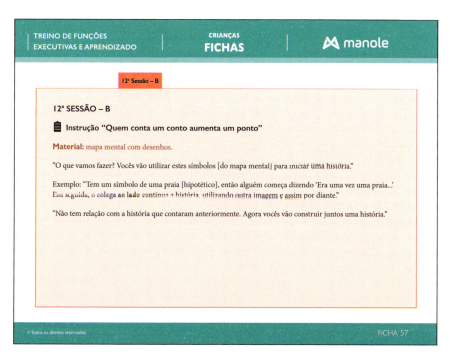

| TREINO DE FUNÇÕES EXECUTIVAS E APRENDIZADO | CRIANÇAS FICHAS | manole |

12ª Sessão – C

12ª SESSÃO – C

Instrução sinal movimento – atenção para ouvir

Material: cartas das emoções.

"Nesta atividade, faremos várias coisas ao mesmo tempo. Primeiro, vamos combinar os sinais e os movimentos que nós vamos usar dependendo do estímulo que surgir."

"Então, sempre que eu disser 'suspiro', vocês têm que fazer um movimento, qual vai ser?" [Soprar.]

"Sempre que eu disser 'chocolate', outro movimento [mastigar]."

"Quando ouvirem o miado do gato, outro movimento [bater palmas]."

"Para aqueles que errarem, vão pegar uma carta com várias emoções e terão que imitar [rir, chorar etc.]."

"Mas, prestem bem atenção, pois posso falar palavras que não têm relação com as que combinamos. Sendo assim, não façam nada." [Tempo da tarefa: 10 minutos.]

■ *Feedback* **(placa "Compartilhar"):** O que acharam desta atividade? O que vocês acreditam que aprenderam aqui? O que mais? Qual foi a tarefa que cada um gostou mais? Por quê? Qual a que gostou menos? Por quê?

SLIDES – ADOLESCENTES

Calendário mensal – imagem construída.

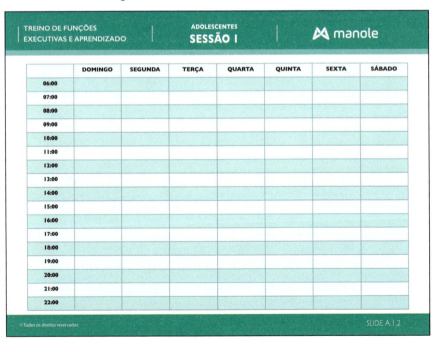

Calendário diário – imagem construída.

SLIDES — ADOLESCENTES 221

Sessão 1. Blocos de anotações: 30 folhas para anotações.

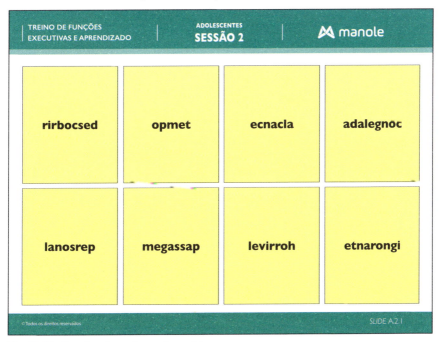

Sessão 2. Baralho das palavras invertidas.

Sessão 2. Baralho das palavras invertidas.

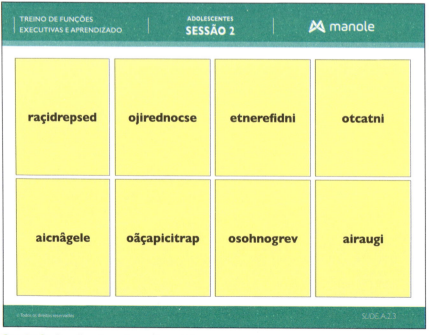

Sessão 2. Baralho das palavras invertidas.

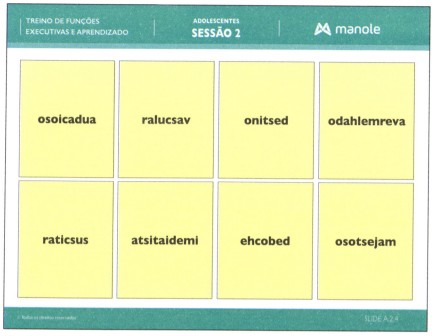
Sessão 2. Baralho das palavras invertidas.

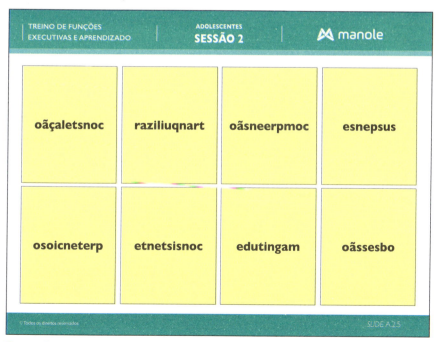
Sessão 2. Baralho das palavras invertidas.

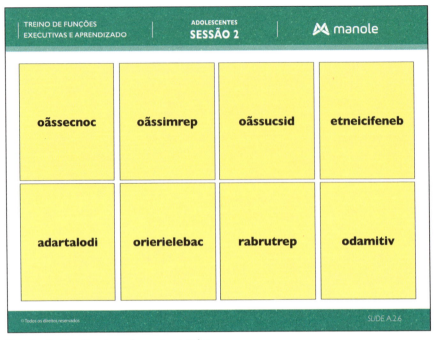

Sessão 2. Baralho das palavras invertidas.

Sessão 2. Baralho das palavras invertidas.

Sessão 2. Baralho das palavras invertidas.

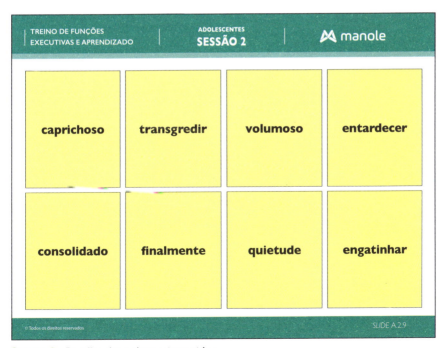

Sessão 2. Baralho das palavras invertidas.

Sessão 2. Baralho das palavras invertidas.

Sessão 2. Baralho das palavras coloridas.

Sessão 2. Baralho das palavras coloridas.

Sessão 2. Baralho das palavras coloridas.

Sessão 2. Baralho das palavras coloridas.

Sessão 2. Baralho das palavras coloridas.

Sessão 2. Baralho das palavras coloridas.

Sessão 2. Baralho das palavras coloridas.

Sessão 2. Baralho das palavras coloridas.

Sessão 2. Resolução de problema.

Sessão 4. Baralho das ideias.

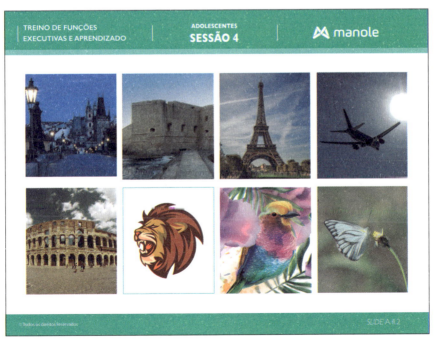

Sessão 4. Baralho das ideias.

Sessão 4. Baralho das ideias.

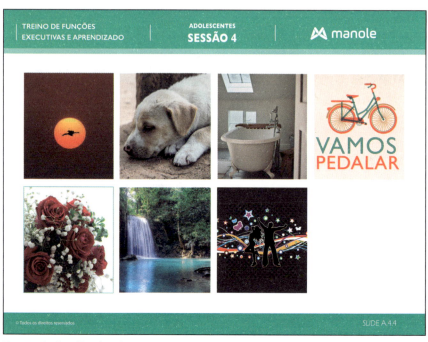

Sessão 4. Baralho das ideias.

SLIDES — ADOLESCENTES

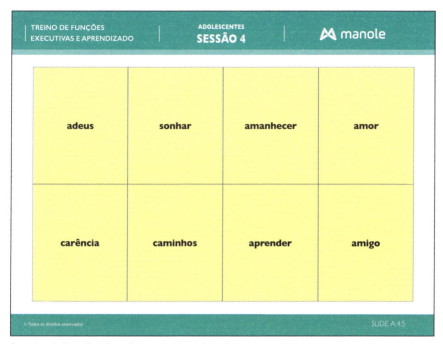

Sessão 4. Baralho de palavras soltas – fase 2.

Sessão 4. Baralho de palavras soltas – fase 2.

Sessão 4. Baralho de palavras soltas – fase 2.

Sessão 4. Baralho de palavras soltas – fase 2.

Sessão 4. Baralho de palavras soltas – fase 2.

Sessão 4. Baralho de palavras soltas – fase 2.

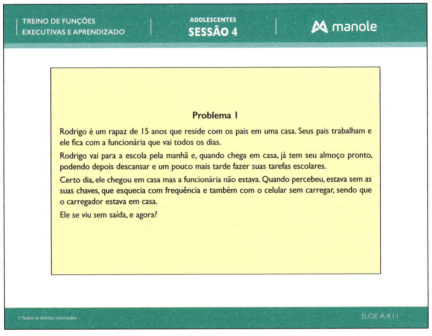

Sessões 4 e 6. Resolução de problemas – fase 1.

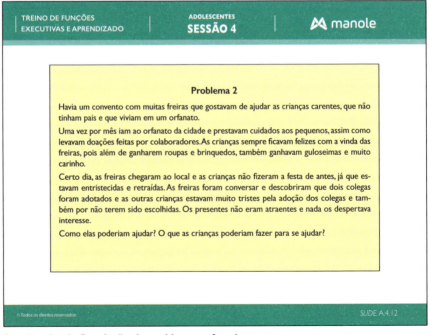

Sessões 4 e 6. Resolução de problemas – fase 1.

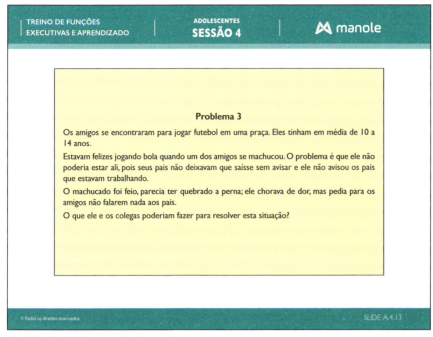

Sessões 4 e 6. Resolução de problemas – fase 1.

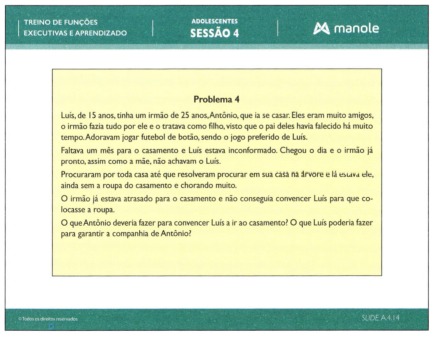

Sessões 4 e 6. Resolução de problemas – fase 1.

| TREINO DE FUNÇÕES EXECUTIVAS E APRENDIZADO | ADOLESCENTES SESSÃO 4 | ▲ manole |

Problema 5

Simone e Glória são muito amigas. Elas têm 10 anos. Estudam juntas, brincam, são inseparáveis.

Certo dia, a mãe de Simone deu-lhe uma notícia que a deixou triste. Disse que eles iriam mudar-se para outra cidade, em Florianópolis, na praia.

Simone gostou, pois era na praia e adorava, entretanto, ficaria sem sua amiga inseparável, quase irmã, pois ela não tinha irmãos e era filha única.

Glória vivia apenas com o pai, pois a mãe estava morando em outro país a trabalho, mas vivia sozinha em casa, pelo fato do pai trabalhar o dia todo. Por isso, Glória estava sempre na casa de Simone, como também dormia muitas noites na casa dela e os pais não se importavam, visto que uma fazia companhia para a outra.

O pai de Glória também não se importava, pois tinha muita pena da filha, que vivia sozinha, deixando-a ficar com a amiga.

A mãe de Glória era bem distante da filha, não ligava para ela e vinha vê-la uma vez por ano.

Qual seria a solução para este caso? O que os pais de Simone poderiam fazer? O que as meninas poderiam fazer?

SLIDE A.4.15

Sessões 4 e 6. Resolução de problemas – fase 1.

| TREINO DE FUNÇÕES EXECUTIVAS E APRENDIZADO | ADOLESCENTES SESSÃO 4 | ▲ manole |

Problema 6

Em uma escola, tinha uma classe com muitas crianças com dificuldades específicas especiais.

Aqueles que não tinham nenhum problema sempre ajudavam os amigos, principalmente Lucas, que andava de cadeira de rodas, por ser paraplégico. Era permitido que usasse o celular, por causa de sua condição.

Certo dia, houve um incêndio no colégio e os professores pediram para os alunos saírem com urgência das salas e ficarem no pátio, até que o incêndio fosse controlado.

Todos se desesperaram e saíram correndo, porém, Lucas não conseguiria sozinho pois o elevador estava em manutenção e só havia escadas para locomoção; neste caso, precisava de ajuda.

A coordenação ficava perto, mas no andar de baixo.

Ele viu todos indo embora e foi para o corredor, mas as pessoas corriam loucamente em busca da saída. Ninguém o via.

O que ele poderia fazer? O que ele poderia fazer para chamar a atenção das pessoas, para pedir ajuda?

SLIDE A.4.16

Sessões 4 e 6. Resolução de problemas – fase 1.

SLIDES — ADOLESCENTES

| TREINO DE FUNÇÕES EXECUTIVAS E APRENDIZADO | ADOLESCENTES SESSÃO 4 | manole |

Problema 7

Era um dia lindo de verão, férias, e os irmãos Estela de 14, Flávio de 12 e Kauê de 8 estavam se divertindo na praia.

O mar estava um pouco forte então eles ficavam na beira da água, não se arriscando no fundo.

Flávio viu um surfista mais distante e comentou com o Kauê que queria ver mais de perto, mas não era para ele contar para a mãe, pois se falasse algo, ele contaria que Kauê tinha quebrado o vaso dela preferido.

Ele se afastou e Kauê ficou sozinho.

Estela estava mais interessada em tomar sol.

A mãe estava junto, mas também tomando sol. Veio o sorveteiro e Kauê pediu um sorvete para a mãe. Quando estavam comprando o sorvete, a mãe percebeu que Flávio não estava na beira do mar e perguntou para o Kauê onde estava o irmão... Com isso, a mãe começou a passar mal...

O que ele deveria fazer, visto que o irmão pediu para não contar nada e se o fizesse contaria seu segredo?

SLIDE A.4.17

4ª e 6ª Sessões. Resolução de problemas – fase 1.

| TREINO DE FUNÇÕES EXECUTIVAS E APRENDIZADO | ADOLESCENTES SESSÃO 4 | manole |

Problema 8

Vitória, uma menina de 9 anos e seus pais estavam no parque de diversões aproveitando todos os brinquedos que lá tinham.

Vitória pediu um urso de pelúcia de uma loja aos pais, que negaram para não ficarem carregando.

Ela ficou um pouco brava, pois queria o urso de qualquer jeito.

O pai estava com muita vontade da montanha russa e quando estavam na fila, um pouco mais à frente, ela viu uma menina mais nova que ela, que tinha o urso mas era bem pequena, devia ter uns 4 anos.

Ela se aproximou da menina e pediu para ver o urso. Os pais da criança estavam distraídos e Vitória pegou o urso da menina e foi junto aos pais, que perceberam após algum tempo que ela estava com o urso que eles não tinham comprado. Já estava na hora deles subirem no trem...

O que os pais deveriam fazer?

SLIDE A.4.18

4ª e 6ª Sessões. Resolução de problemas – fase 1.

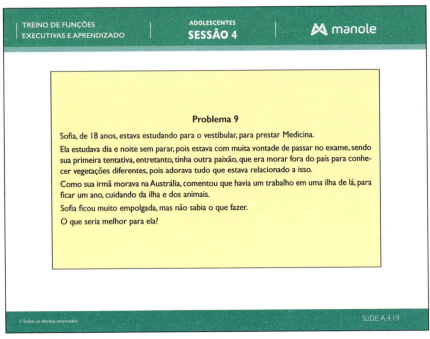

Sessões 4 e 6. Resolução de problemas – fase 1.

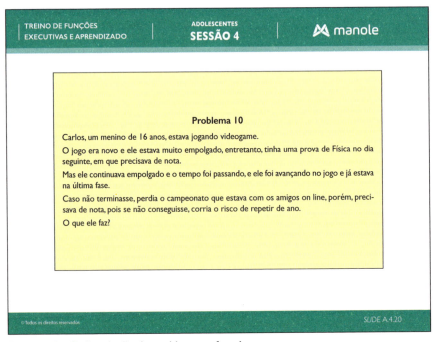

Sessões 4 e 6. Resolução de problemas – fase 1.

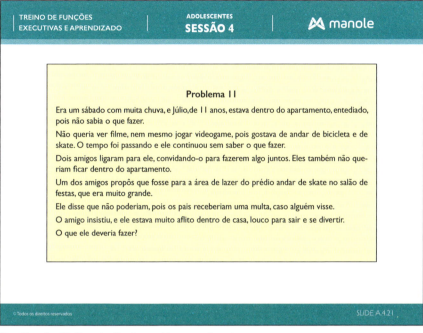

Sessões 4 e 6. Resolução de problemas – fase 1.

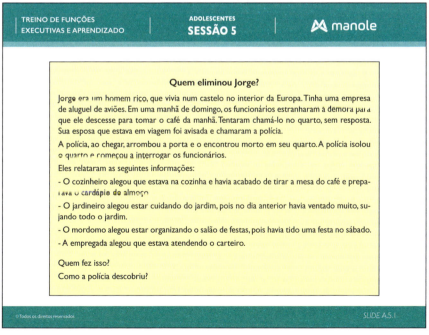

Sessão 5. Baralho de detetive.
Resposta: a empregada, porque o carteiro não passa aos domingos.

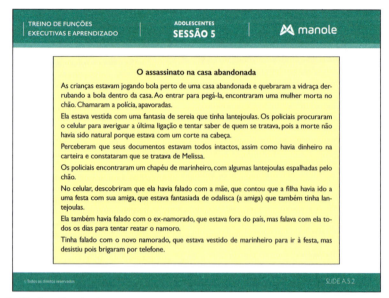

Sessão 5. Baralho de detetive.
Resposta: quem a matou foi a amiga, que estava apaixonada pelo seu namorado atual e havia se encontrado com ele para dizer do seu interesse, entretanto, ele não aceitou e ela roubou o seu chapéu. Saiu da festa com a amiga e a levou para a casa abandonada, dizendo que o namorado iria lhe fazer uma surpresa e lá bateu em sua cabeça com uma pedra e fugiu, largando o chapéu para incriminar o namorado, entretanto, ao sair escorregou e a madeira velha do chão arrancou parte das lantejoulas de sua fantasia, que eram diferentes da lantejoula de Melissa.

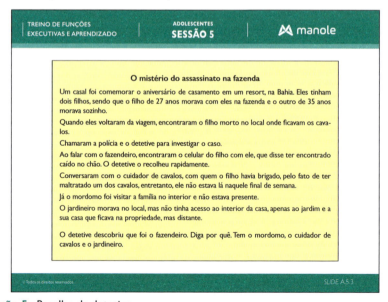

Sessão 5. Baralho de detetive.
Resposta: foi o fazendeiro, porque o rapaz havia descoberto alguns segredos e ele estava tentando apagar do seu celular, mas não conseguiu pois não sabia a senha. O detetive conseguiu a senha com o irmão e descobriu tudo.

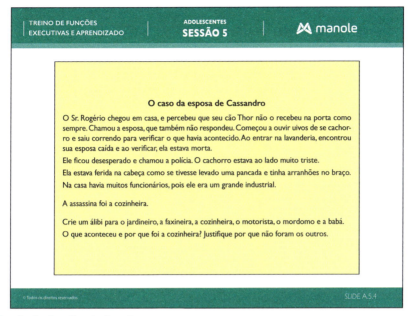

Sessão 5. Baralho de detetive.

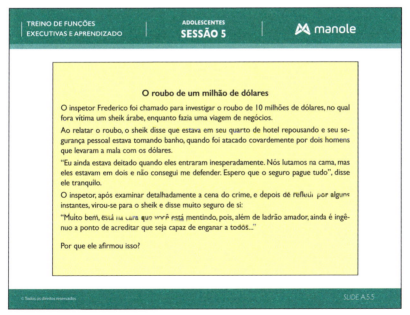

Sessão 5. Baralho de detetive.
Resposta: o inspetor sabe que o *sheik* está mentindo e que tudo aquilo não passa de uma farsa. Ele deduziu que, se os ladrões tivessem entrando no quarto como ele afirmara e o tivesse encontrado deitado, a cama não poderia estar arrumada, e ainda mais sem vestígios de luta, ou de que alguém estivera sobre ela. Ao contrário, o que se via era uma cama bem forrada e asseada, o que contestava por completo a sua versão da história.

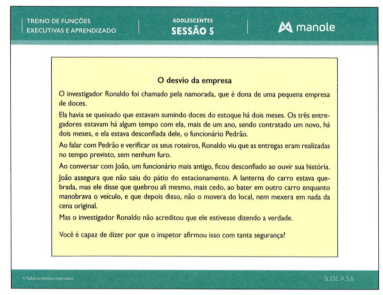

Sessão 5. Baralho de detetive.
Resposta: se João afirma que não retirou o veículo do local onde supostamente se acidentou, como explicar a total ausência de fragmentos do farol quebrado no chão do pátio do estacionamento? Lógico que ele estava mentindo. Quebrou o farol longe dali, em uma de suas entregas clandestinas. Depois, reconduziu o veículo ao pátio, sem dar importância ao detalhe que o denunciou.

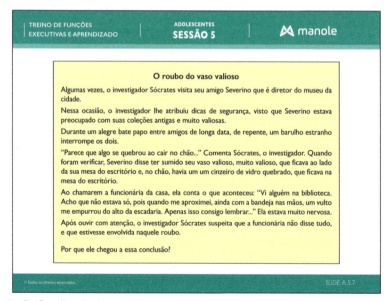

Sessão 5. Baralho de detetive.
Resposta: ao examinar o local onde a funcionária tombara, ele percebeu que a bandeja com petiscos estava intacta sobre o chão, nenhum petisco fora do lugar, o que não seria possível no caso de uma queda acidental como ele afirmara. Logo, ele só poderia estar mentindo para acobertar seu comparsa, que era o namorado.

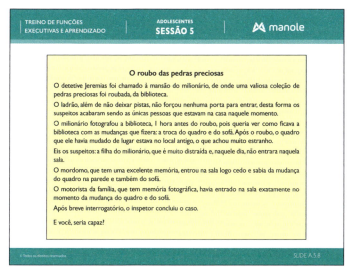

Sessão 5. Baralho de detetive.
Resposta: o detetive tem certeza de que a filha do milionário é a culpada. Sendo distraída, ao retirar o quadro sobre o cofre, não se preocupou em olhar o que estava no local atual, e já acostumada com o antigo, confusa, não titubeou na hora de substituí-lo pelo seu vizinho. O mordomo, dono de boa memória, jamais cometeria tal falha, sem contar que ele já sabia da mudança. Já o motorista, cuja memória é fotográfica, não teria dúvidas na hora de repor o quadro no lugar certo.

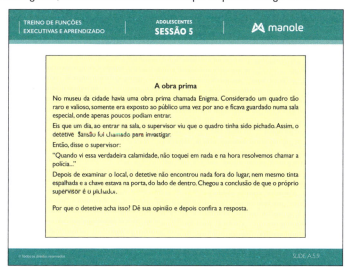

Sessão 5. Baralho de detetive.
Resposta: o detetive Sansão, após examinar o local e ouvir com atenção o depoimento do supervisor, pensou consigo mesmo: "Se ele disse que entrou na sala e viu o quadro já pichado e disse ainda que não tocou em mais nada, então, o que faz aquela chave na fechadura do lado de dentro da porta?" E pensando assim, ele concluiu que o autor da pichação estava no interior da sala, e claro, com a porta trancada por dentro. O que significava que, como o supervisor afirmara, se fora ele quem entrara na sala, a chave deveria estar do lado de fora, e não por dentro. Conclusão lógica: ele estava mentindo.

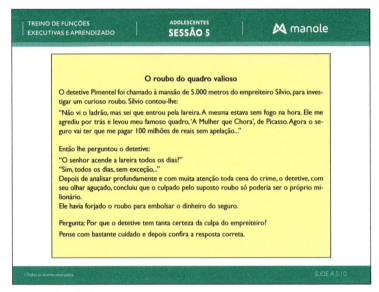

Sessão 5. Baralho de detetive.
Resposta: o detetive Pimentel sabe que o empreiteiro Sílvio está mentindo porque se ele acendesse a lareira todos os dias como dissera, teia de aranha em seu interior não seria possível. Sendo a teia de aranha um elemento muito frágil e altamente vulnerável ao calor, jamais poderia resistir ao fogo diário da lareira por tanto tempo. Está claro também que os restos de lenha indicando fogo recente tratam-se apenas de uma farsa criada pelo milionário na tentativa de enganá-lo.

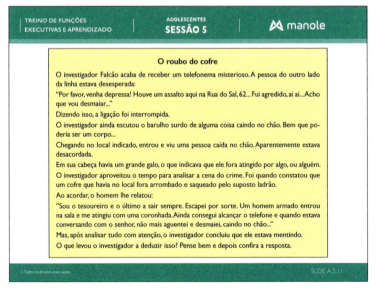

Sessão 5. Baralho de detetive.
Resposta: o investigador Falcão sabe que o tesoureiro está mentindo, porque se tudo tivesse acontecido como ele dissera, o telefone não poderia estar posicionado sobre o gancho.
Mais lógico seria que, ao interromper a ligação no momento do desmaio, o telefone também tivesse caído no chão. Mas, não foi o que o inspetor encontrou ao chegar no local do assalto, quando ainda a suposta vítima estava desacordada.

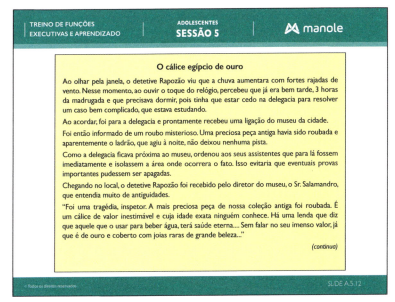

Sessão 5. Baralho de detetive.

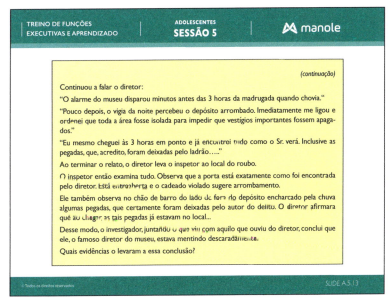

Sessão 5. Baralho de detetive.
Respostao: ora, o investigador lembra que às 3 horas da madrugada, enquanto ainda estava em casa, chovia muito forte. Assim, as pegadas que encontrou no chão de terra fora do depósito não poderiam ter sido feitas durante a chuva, hora em que supostamente o alarme tocou, pois, certamente teriam sido apagadas. Logo, as pegadas foram feitas depois da chuva, nunca antes. Isso contraria a versão do diretor que disse ter chegado ao local às 3 horas, com o roubo já consumado, e ali encontrara as pegadas. Ele também percebeu que o cadeado não fora arrombado, pois a lingueta do seu fecho estava intacta, o que não ocorreria caso tivesse sido forçado com um pé-de-cabra.

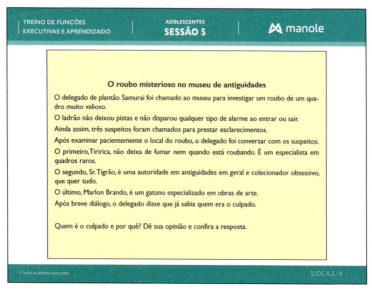

Sessão 5. Baralho de detetive.
Resposta: após examinar a cena do roubo, o delegado sabe que o culpado só pode ser Marlon Brando. Tigrão, sendo especialista em coleções, não deixaria para trás os selos e as moedas raras. Já Tiririca sente um desejo incontrolável de fumar enquanto rouba. Se fosse ele o autor do roubo teria disparado o alarme do detector de fumaça. Sobra então Marlon Brando – especialista em obras de arte, roubou apenas o objeto que conhecia, sabendo o seu valor.

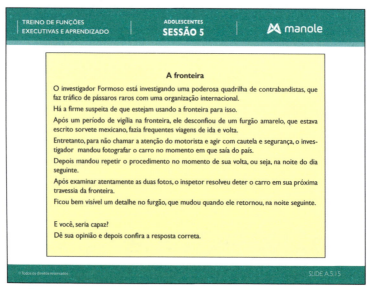

Sessão 5. Baralho de detetive.
Resposta: o investigador percebeu que os pneus e o próprio furgão sempre retornavam sujos de barro ou terra, pois eles pegavam os pássaros raros na mata e entravam com o furgão em locais de terra. Ao confrontar as duas fotografias, viam a diferença. Por ser um furgão que carregava alimento, não tinha muito propósito estar sujo daquela maneira, visto que não havia estrada de terra no caminho que ele percorria.

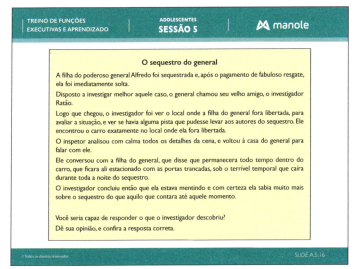

Sessão 5. Baralho de detetive.
Resposta: o investigador sabe que ela não passou a noite dentro do carro, como dissera no depoimento. Ela disse que passara toda noite dentro do carro e que este permanecera estacionado naquele local o tempo todo. Como existem rastros de pneus recentes, significa que o carro foi colocado ali pela manhã, após a chuva. Assim, ela está mentindo e com certeza está envolvida no próprio sequestro. Ocorre que, como havia chovido durante toda noite, se o carro realmente não saíra do local, não deveria haver rastros frescos de pneus no chão, pois a água da chuva, certamente, teria apagado tudo.

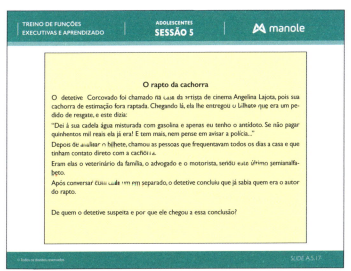

Sessão 5. Baralho de detetive.
Resposta: o detetive Corcovado sabe que o motorista semianalfabeto jamais poderia ter escrito um bilhete sem erros de ortografia como aquele. Sabe também que o veterinário jamais escreveria que o cachorro bebera algo misturado à gasolina, pois seria do seu conhecimento que o faro do animal jamais permitiria que este fizesse isso. Assim, o culpado só poderia ser o advogado, que desconhecendo este fato, por ignorância ou mesmo para comprometer o veterinário – já que falava em antídoto no bilhete –, cometera este deslize que o entregou.

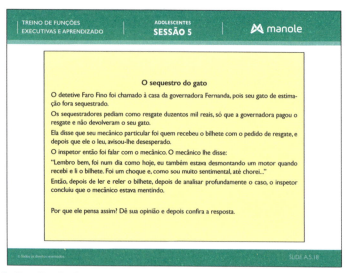

Sessão 5. Baralho de detetive.
Resposta: o detetive Faro Fino tem certeza que o mecânico está envolvido no sequestro do gato. Ao analisar o bilhete com o pedido do resgate, ele viu que a folha de papel estava limpinha, sem marca nenhuma de sujeira ou graxa.
No entanto, como o mecânico afirmou que recebeu o bilhete na hora em que estava desmontando um motor e o leu, deveria ter sujado de graxa o papel. Assim, como o bilhete estava limpo, ele só poderia estar mentindo por estar envolvido.

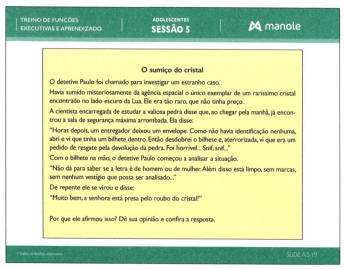

Sessão 5. Baralho de detetive.
Resposta: o detetive sabe que ela está mentindo com a cara mais lisa do mundo e sabe que tudo não passa de um golpe. Ele deduziu que, como ela afirmara que o bilhete fora encontrado dobrado dentro de um envelope, deveria haver nele pelo menos uma marca de dobra; mas não era isso que se via, já que o mesmo estava livre de qualquer marca, e liso como a cara dela. Assim, era apenas uma questão de tempo para que ela abrisse o bico e contasse onde estava o cristal.

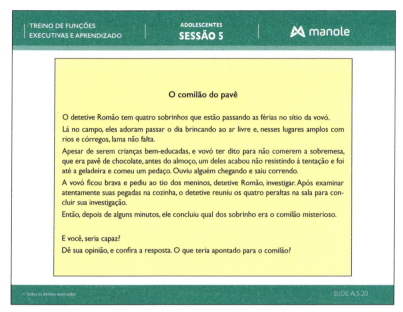

Sessão 5. Baralho de detetive.
Resposta: o detetive verificou que todos estavam com os pés sujos de lama, entretanto, um deles estava também com a boca suja de chocolate, sendo ele o comilão do pavê.

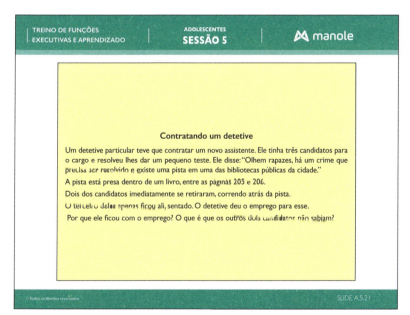

Sessão 5. Baralho de detetive.
Resposta: porque ele foi esperto ao ficar, sabendo que nada poderia estar entre as páginas 205 e 206 de um livro pois essas páginas pertencem à mesma folha (205 na frente e 206 atrás). Os outros dois não perceberam e foram desnecessariamente atrás da pista.

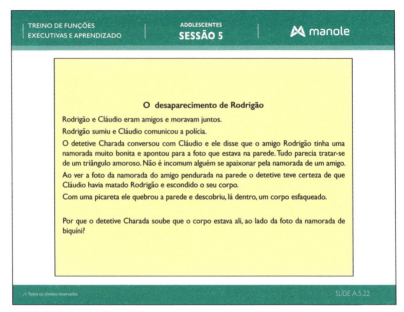

Sessão 5. Baralho de detetive.
Resposta: porque havia marcas diferentes na parede, ao lado da foto e a massa parecia fresca, pois quando Cláudio apontou para a foto, sem querer encostou a mão na parede, ficando com os dedos levemente marcados de branco.

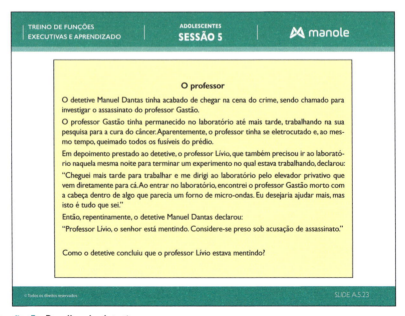

Sessão 5. Baralho de detetive.
Resposta: se o experimento do professor Gastão queimou todos os fusíveis do prédio, como o professor Lívio poderia ter subido pelo elevador? Sendo assim, concluímos que o professor Lívio mentiu ao prestar depoimento e é o assassino.

SLIDES — ADOLESCENTES 253

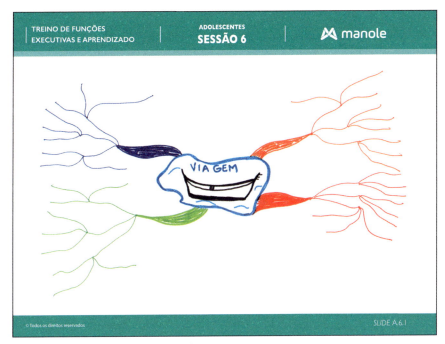

Sessão 6. Atividade do mapa mental.

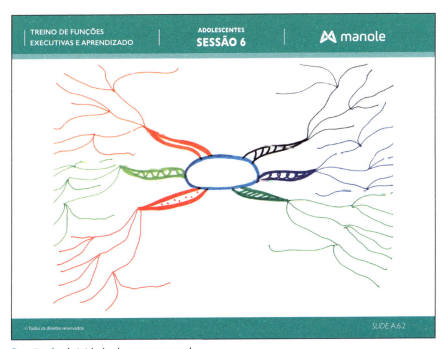

Sessão 6. Atividade do mapa mental.

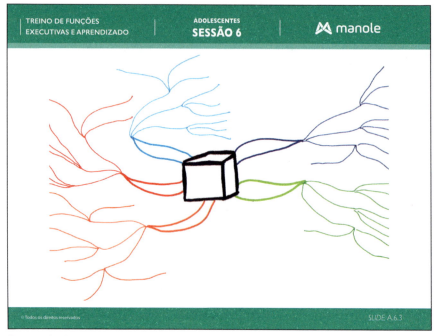

Sessão 6. Atividade do mapa mental.

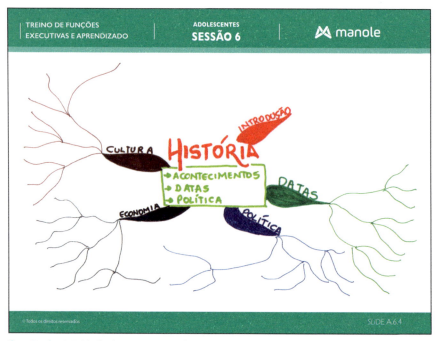

Sessão 6. Atividade do mapa mental.

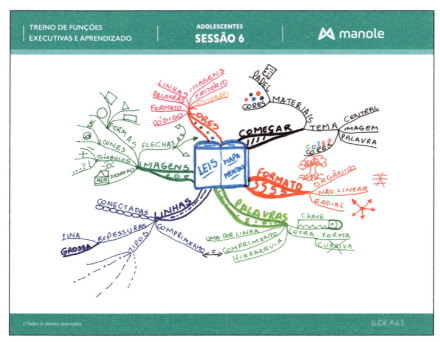

Sessão 6. Atividade do mapa mental.

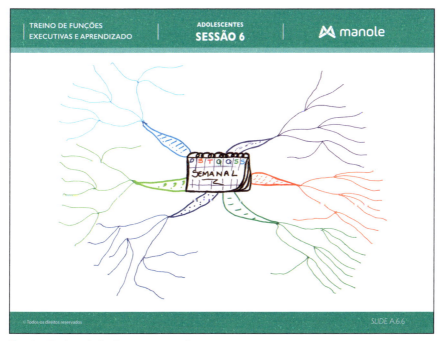

Sessão 6. Atividade do mapa mental.

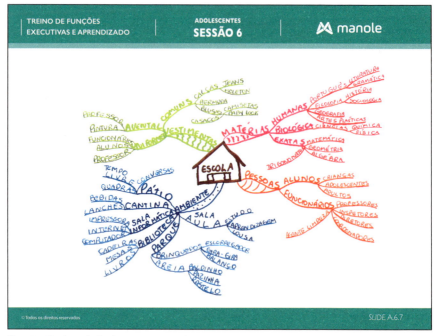

Sessão 6. Atividade do mapa mental.

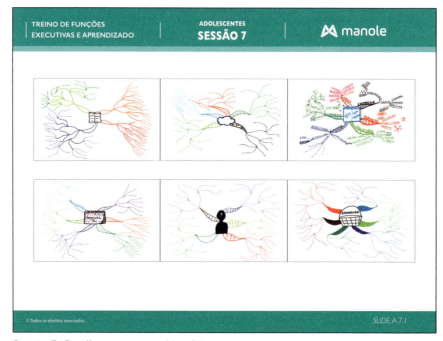

Sessão 7. Baralho: mapa mental história.

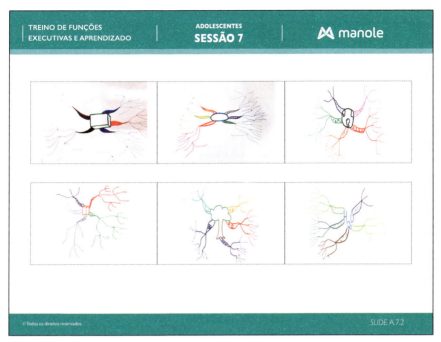

Sessão 7. Baralho: mapa mental história.

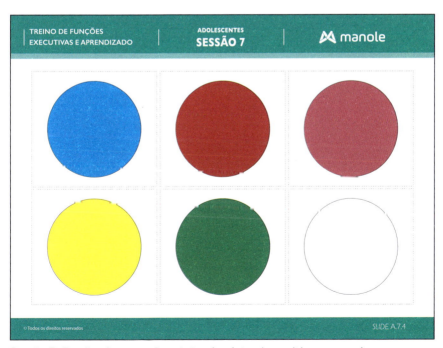

Sessão 7. Baralho das cores (imprimir três cópias deste *slide* e recortar).

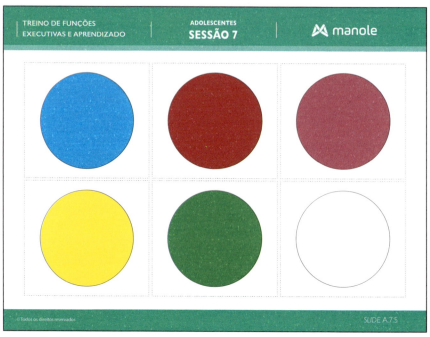

Sessão 7. Baralho das cores.

Sessão 7. Baralho das cores.

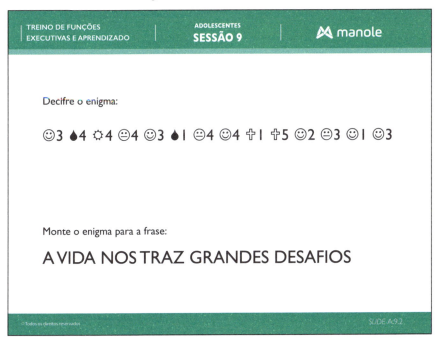

Sessão 9. Decifrando um enigma – cartão.

Sessão 9. Decifrando um enigma – cartão.

Sessão 9. Baralho das cores escritas.

Sessão 9. Baralho das cores escritas.

SLIDES — ADOLESCENTES · 261

TREINO DE FUNÇÕES EXECUTIVAS E APRENDIZADO	ADOLESCENTES SESSÃO 9	manole
ROXO	LARANJA	ROSA
MARROM	ROSA	VERMELHO

© Todos os direitos reservados — SLIDE A.9.5

Sessão 9. Baralho das cores escritas.

TREINO DE FUNÇÕES EXECUTIVAS E APRENDIZADO	ADOLESCENTES SESSÃO 9	manole
AEIF GNTL R	IOEB JPSV N	UAOC DFTM L
EIAB CFHJ L	AIOC GMNP X	AUER FDMP L

© Todos os direitos reservados — SLIDE A.9.6

Sessão 9. Baralho das letras.

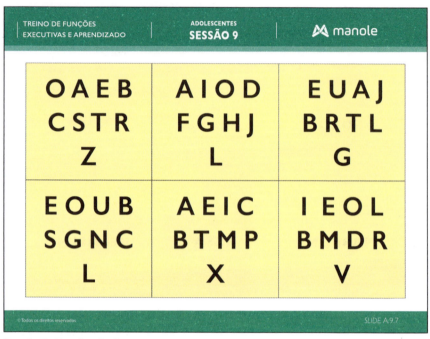

Sessão 9. Baralho das letras.

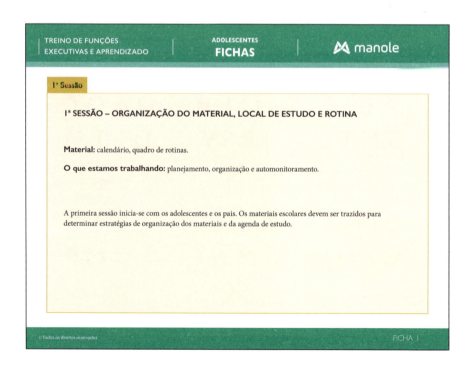

| TREINO DE FUNÇÕES EXECUTIVAS E APRENDIZADO | ADOLESCENTES FICHAS | manole |

1ª Sessão – 1

APRESENTAÇÃO

"Primeiramente, vamos nos apresentar, falando o nome, a série, a escola em que estudam e o que acham que estamos fazendo aqui."

"Eu vou contar a vocês o que vamos fazer aqui. [Falar sobre organização para estudar no dia a dia, trabalho da memória operacional, resolução de problemas, flexibilidade mental, mapas mentais e como vão iniciar e finalizar as sessões. Sanar todas as dúvidas que surgirem.]"

"Agora, vou mostrar a vocês os calendários diários que serão utilizados para poderem se organizar em seus estudos. Se por acaso algum de vocês já utiliza, não tem problema. Vamos ver como funciona do mesmo jeito."

"Vou distribuir calendários e pedir para que coloquem o nome de vocês e se familiarizem com o material. Estes calendários, sendo o diário e o quadro de rotinas, serão preenchidos por vocês agora. Depois, podemos fazer alguns acertos com os seus pais. Mas gostaria que colocassem tudo o que fazem nestes painéis. Gostaria também que os deixassem personalizados, ou seja, com a cara de vocês. Uma marca, um adesivo, o que quiserem." [Estes materiais podem ser disponibilizados pelo aplicador.]

"Pensem também nos registros, se coloridos ou não, com etiquetas, como gostariam de registrar."

FICHA 2

| TREINO DE FUNÇÕES EXECUTIVAS E APRENDIZADO | ADOLESCENTES FICHAS | manole |

1ª Sessão – 2

APRESENTAÇÃO (continuação)

"Vou dar uma sugestão a vocês, vejam o que acham: cada dia da semana terá uma cor e os livros das disciplinas terão na sua brochura uma etiqueta com aquela cor. Livros ou cadernos que precisam ser levados mais de um dia da semana terão mais de uma etiqueta. Podemos fazer diferente. Alguém tem uma sugestão?"

"Estes quadros devem ficar expostos no local de estudo, ou no quarto, de forma que o visualizem com facilidade sempre que necessitarem. Pode ser atrás da porta, por exemplo."

"Assim que finalizarem uma tarefa, façam alguma marca no quadro de rotinas, para mostrar que já terminaram."

"Essas anotações ou alterações devem ser diárias, ou seja, confiram todos os dias atualizando os quadros."

"Vocês verão como ficará mais fácil para poderem acompanhar seus estudos, provas, trabalhos, seminários; sempre observando outros compromissos, organizando-se de uma forma tranquila e sem 'surpresas'."

"Alguns de vocês podem preferir utilizar o celular para isso, mas seria importante que evitassem, por causa dos atrativos existentes, deixando-os menos focados no que é importante, provocando erros nas anotações."

FICHA 3

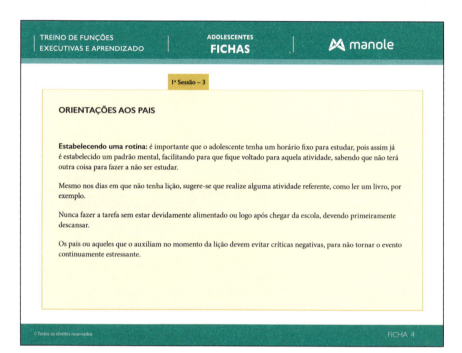

2ª Sessão

2ª SESSÃO – BARALHO DAS PALAVRAS INVERTIDAS, BARALHO DAS PALAVRAS COLORIDAS, RESOLUÇÃO DE PROBLEMAS

Material: 1 jogo de cartas contendo palavras invertidas, 1 jogo de cartas contendo palavras coloridas, um cartão problema, cronômetro, folhas de papel sulfite.

O que estamos trabalhando: memória operacional, controle inibitório, flexibilidade cognitiva, automonitoramento e resolução de problemas.

FICHA 6

2ª Sessão – A

📋 Instrução do jogo das palavras invertidas

Fase I

"Vocês estão vendo estas cartas? Vou dividir este maço de cartas por igual para cada um de vocês, que devem deixar à sua frente, de forma que fique fácil para poderem manipular este material. As cartas devem ficar viradas para baixo e vocês só vão visualizar quando virarem já no monte, que será formado aqui no meio."

"Primeiro vamos sortear para ver quem começa, quem é o segundo e assim por diante."

"Nestas cartas existem várias palavras corretas, entretanto, sempre que aparecer uma palavra invertida vocês devem falar qual a palavra correta. Somente quando aparecer a palavra invertida. As demais são ignoradas. Por exemplo: **truzaves – avestruz.**"

"Os colegas vão contar até 10 [ou o controle será feito pelo terapeuta com cronômetro]. Será o tempo que cada um terá para conseguir verbalizar a palavra." [Se o grupo for muito bom, este tempo pode ser diminuído para 5 minutos.]

"Quem errar, pega todo o monte. Ganha quem terminar o seu monte. Os outros continuam até sobrar um."

Resposta das palavras invertidas

Descobrir, tempo alcance, congelada, personal, passagem, horrível, ignorante, adolescente, refúgio, importante, entusiasmo, escondido, inofensivo, moderado, estragar, desperdiçar, esconderijo, indiferente, intacto, elegância, participação, vergonhoso, iguaria, audacioso, vasculhar, destino, avermelhado, suscitar, imediatista, deboche, majestoso, constelação, tranquilizar, compreensão, suspense, pretensioso, consistente, magnitude, obsessão, concessão, permissão, discussão, beneficente, idolatrada, cabeleireiro, perturbar, vitimado, frustração, campainha.

FICHA 7

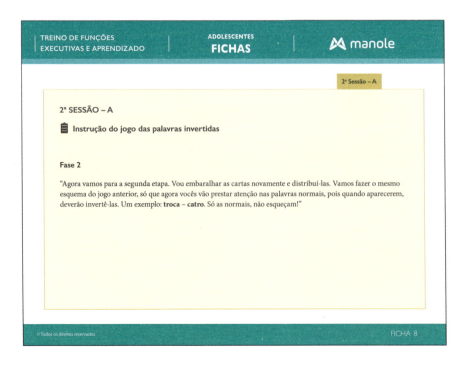

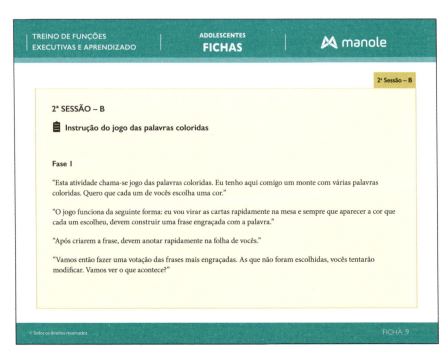

SLIDES — ADOLESCENTES   267

| TREINO DE FUNÇÕES EXECUTIVAS E APRENDIZADO | ADOLESCENTES **FICHAS** | manole |

2ª Sessão – B

2ª SESSÃO – B

📋 **Instrução do jogo das palavras coloridas**

Fase 2

"Agora vocês não vão anotar nada. Um de vocês vai criar uma frase qualquer, rapidamente, não muito longa, com aproximadamente 5 palavras. Em seguida, o colega ao lado e assim sucessivamente. Após uma rodada, o amigo que está ao lado do primeiro a criar a frase deve lembrar o que o colega falou."

Exemplo: Maria criou a frase: "Os tubarões gostam do mar gelado". João criou a frase: "O *site* nunca funciona de dia". Cesar criou a frase: "O dentista não era bom profissional". Voltando para Maria que deve lembrar a frase do João, João a frase de Cesar e Cesar a frase de Maria.

"Não é fácil, mas vamos tentar."

FICHA 10

| TREINO DE FUNÇÕES EXECUTIVAS E APRENDIZADO | ADOLESCENTES **FICHAS** | manole |

2ª Sessão – C

2ª SESSÃO – C

📋 **Instrução da hora do desafio – resolução de problemas**

"Nesta atividade vocês tentarão resolver uma situação.

"Vou mostrar um cartão a vocês, que terá uma imagem. Primeiramente, vocês devem falar o que acham que está acontecendo nesta imagem." [No *Slide* 2.1, há uma imagem com ladrões tentando abrir uma porta.]

"Vamos lá, quero ouvir todos vocês. Quero sugestões de como resolver este problema, quais as possibilidades, vamos criar várias."

[Estimular a criatividade dos membros e desafiá-los quando derem sugestões improváveis.] "Gostaram? Então vamos criar outra? Mas vamos inventar uma? Com ou sem imagem, como preferirem. Quem vai criar uma situação problema?"

"Agora vou pedir para que cada um crie a sua história, que tenha um problema para os colegas darem suas sugestões e resoluções. Quem começará?"

■ **Feedback:** "O que acharam desta atividade? O que vocês acreditam que aprenderam aqui? O que mais? Qual foi a tarefa de que cada um gostou mais? Por quê? De qual gostou menos? Por quê?"

FICHA 11

3ª Sessão

3ª SESSÃO – JOGO DAS CATEGORIAS, ENIGMAS, RESOLUÇÃO DE PROBLEMAS

Material: folha de papel sulfite, jogo das categorias, cronômetro.

O que estamos trabalhando: memória operacional, flexibilidade cognitiva, categorização.

FICHA 12

3ª Sessão – A

3ª SESSÃO – A

Instrução do jogo das categorias

A) Vocês vão escolher uma categoria de animais, transportes, alimentos ou qualquer outra coisa que imaginarem." [Caso haja confusão, podem ser sorteadas.]

"Terão um minuto para escrever todos os nomes que se recordam da categoria escolhida. Cada um escolhe uma, não podem repetir a do amigo."

B) "Vamos trocar e escolher outra categoria. Vocês também terão 1 minuto para escrever tudo que recordam."

C) "Agora nós vamos fazer um jogo. Cada um falará rapidamente uma palavra da categoria que escolher."

Exemplo: sorteia-se quem será o primeiro. Começa pela Camila, que escolheu a categoria de animais. Ela então fala o nome de um animal: "canguru". Em seguida, vem o próximo colega que fala outro animal, e assim por diante, até se esgotarem todas as possibilidades.

FICHA 13

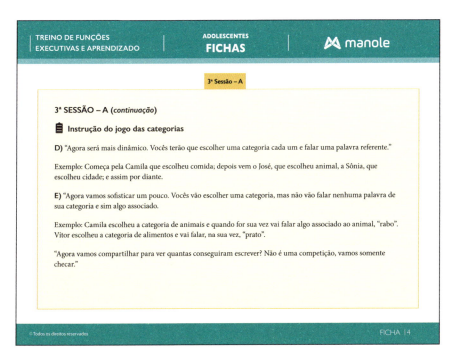

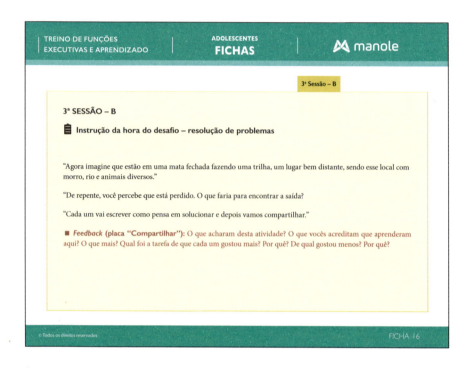

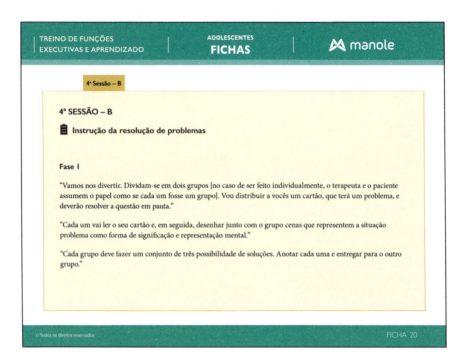

4ª SESSÃO – B

Instrução da resolução de problemas

Fase I

"Vamos nos divertir. Dividam-se em dois grupos [no caso de ser feito individualmente, o terapeuta e o paciente assumem o papel como se cada um fosse um grupo]. Vou distribuir a vocês um cartão, que terá um problema, e deverão resolver a questão em pauta."

"Cada um vai ler o seu cartão e, em seguida, desenhar junto com o grupo cenas que representem a situação problema como forma de significação e representação mental."

"Cada grupo deve fazer um conjunto de três possibilidade de soluções. Anotar cada uma e entregar para o outro grupo."

FICHA 20

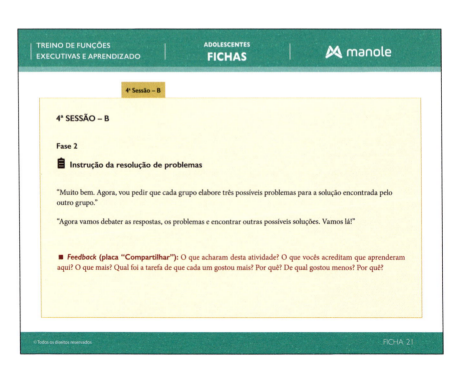

4ª SESSÃO – B

Fase 2

Instrução da resolução de problemas

"Muito bem. Agora, vou pedir que cada grupo elabore três possíveis problemas para a solução encontrada pelo outro grupo."

"Agora vamos debater as respostas, os problemas e encontrar outras possíveis soluções. Vamos lá!"

■ *Feedback* (placa "Compartilhar"): O que acharam desta atividade? O que vocês acreditam que aprenderam aqui? O que mais? Qual foi a tarefa de que cada um gostou mais? Por quê? De qual gostou menos? Por quê?

FICHA 21

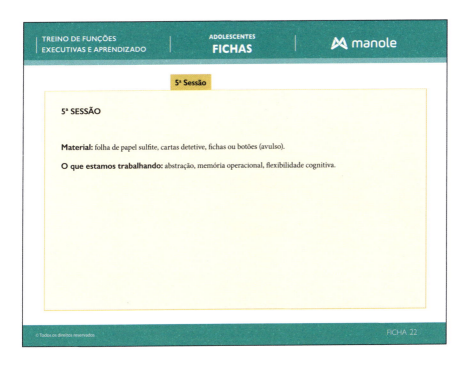
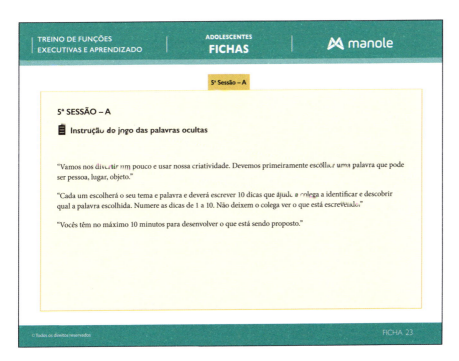

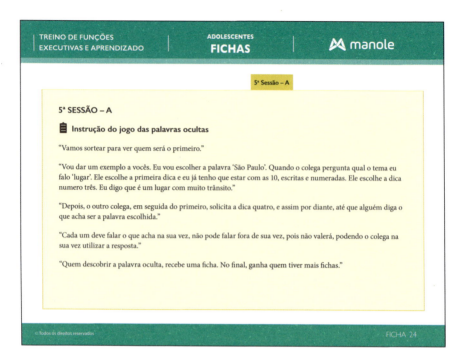

5ª SESSÃO – A

📋 **Instrução do jogo das palavras ocultas**

"Vamos sortear para ver quem será o primeiro."

"Vou dar um exemplo a vocês. Eu vou escolher a palavra 'São Paulo'. Quando o colega pergunta qual o tema eu falo 'lugar'. Ele escolhe a primeira dica e eu já tenho que estar com as 10, escritas e numeradas. Ele escolhe a dica numero três. Eu digo que é um lugar com muito trânsito."

"Depois, o outro colega, em seguida do primeiro, solicita a dica quatro, e assim por diante, até que alguém diga o que acha ser a palavra escolhida."

"Cada um deve falar o que acha na sua vez, não pode falar fora de sua vez, pois não valerá, podendo o colega na sua vez utilizar a resposta."

"Quem descobrir a palavra oculta, recebe uma ficha. No final, ganha quem tiver mais fichas."

FICHA 24

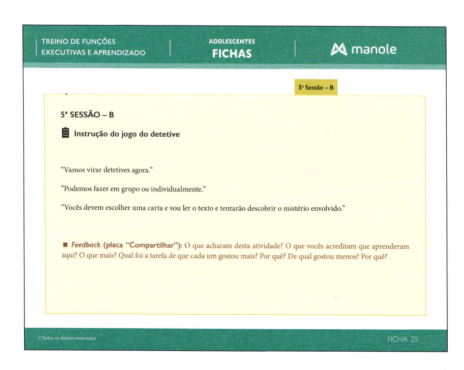

5ª SESSÃO – B

📋 **Instrução do jogo do detetive**

"Vamos virar detetives agora."

"Podemos fazer em grupo ou individualmente."

"Vocês devem escolher uma carta e vou ler o texto e tentarão descobrir o mistério envolvido."

■ **Feedback (placa "Compartilhar"):** O que acharam desta atividade? O que vocês acreditam que aprenderam aqui? O que mais? Qual foi a tarefa de que cada um gostou mais? Por quê? De qual gostou menos? Por quê?

FICHA 25

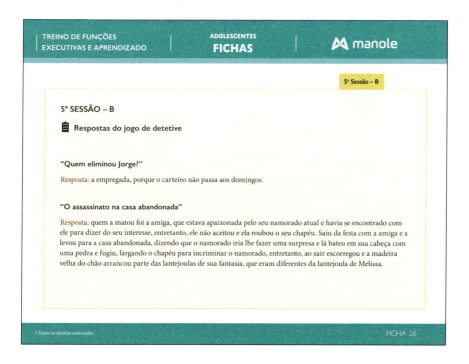
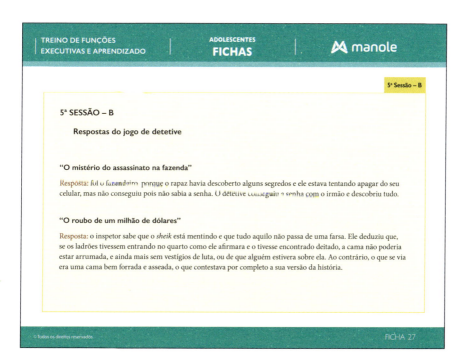

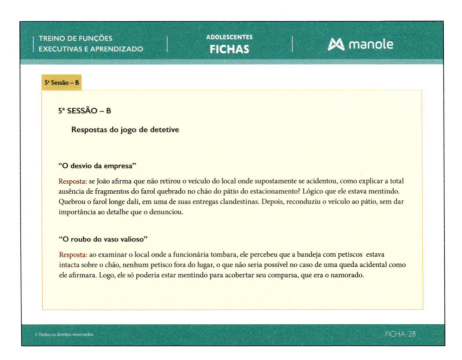

5ª SESSÃO – B

Respostas do jogo de detetive

"O roubo do quadro valioso"

Resposta: o detetive Pimentel sabe que o empreiteiro Sílvio está mentindo porque se ele acendesse a lareira todos os dias como dissera, teia de aranha em seu interior não seria possível. Sendo a teia de aranha um elemento muito frágil e altamente vulnerável ao calor, jamais poderia resistir ao fogo diário da lareira por tanto tempo. Está claro também que os restos de lenha indicando fogo recente tratam-se apenas de uma farsa criada pelo milionário na tentativa de enganá-lo.

"O roubo do cofre"

Resposta: o investigador Falcão sabe que o tesoureiro está mentindo, porque se tudo tivesse acontecido como ele dissera, o telefone não poderia estar posicionado sobre o gancho. Mais lógico seria que, ao interromper a ligação no momento do desmaio, o telefone também tivesse caído no chão. Mas, não foi o que o inspetor encontrou ao chegar no local do assalto, quando ainda a suposta vítima estava desacordada.

FICHA 30

5ª SESSÃO – B

Respostas do jogo de detetive

"O cálice egípcio de ouro"

Resposta: ora, o investigador lembra que às 3 horas da madrugada, enquanto ainda estava em casa, chovia muito forte. Assim, as pegadas que encontrou no chão de terra fora do depósito não poderiam ter sido feitas durante a chuva, hora em que supostamente o alarme tocou, pois, certamente teriam sido apagadas. Logo, as pegadas foram feitas depois da chuva, nunca antes. Isso contraria a versão do diretor que disse ter chegado ao local às 3 horas, com o roubo já consumado, e ali encontrara as pegadas. Ele também percebeu que o cadeado não fora arrombado, pois a lingueta do seu fecho estava intacta, o que não ocorreria caso tivesse sido forçado com um pé-de-cabra.

"O roubo misterioso no museu de antiguidades"

Resposta: após examinar a cena do roubo, o delegado sabe que o culpado só pode ser Marlon Brando. Tigrão, sendo especialista em coleções, não deixaria para trás os selos e as moedas raras. Já Tiririca sente um desejo incontrolável de fumar enquanto rouba. Se fosse ele o autor do roubo teria disparado o alarme do detector de fumaça. Sobra então Marlon Brando – especialista em obras de arte, roubou apenas o objeto que conhecia, sabendo o seu valor.

FICHA 31

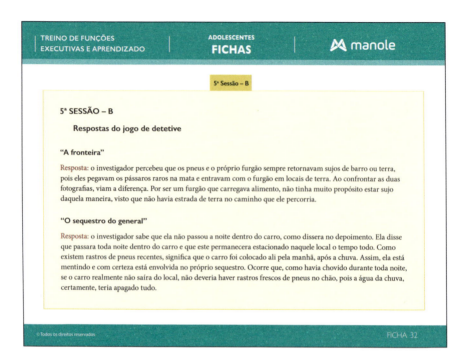

5ª SESSÃO – B

Respostas do jogo de detetive

"A fronteira"

Resposta: o investigador percebeu que os pneus e o próprio furgão sempre retornavam sujos de barro ou terra, pois eles pegavam os pássaros raros na mata e entravam com o furgão em locais de terra. Ao confrontar as duas fotografias, viam a diferença. Por ser um furgão que carregava alimento, não tinha muito propósito estar sujo daquela maneira, visto que não havia estrada de terra no caminho que ele percorria.

"O sequestro do general"

Resposta: o investigador sabe que ela não passou a noite dentro do carro, como dissera no depoimento. Ela disse que passara toda noite dentro do carro e que este permanecera estacionado naquele local o tempo todo. Como existem rastros de pneus recentes, significa que o carro foi colocado ali pela manhã, após a chuva. Assim, ela está mentindo e com certeza está envolvida no próprio sequestro. Ocorre que, como havia chovido durante toda noite, se o carro realmente não saíra do local, não deveria haver rastros frescos de pneus no chão, pois a água da chuva, certamente, teria apagado tudo.

FICHA 32

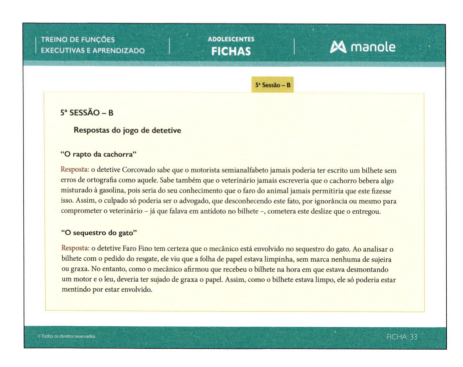

5ª SESSÃO – B

Respostas do jogo de detetive

"O rapto da cachorra"

Resposta: o detetive Corcovado sabe que o motorista semianalfabeto jamais poderia ter escrito um bilhete sem erros de ortografia como aquele. Sabe também que o veterinário jamais escreveria que o cachorro bebera algo misturado à gasolina, pois seria do seu conhecimento que o faro do animal jamais permitiria que este fizesse isso. Assim, o culpado só poderia ser o advogado, que desconhecendo este fato, por ignorância ou mesmo para comprometer o veterinário – já que falava em antídoto no bilhete –, cometera este deslize que o entregou.

"O sequestro do gato"

Resposta: o detetive Faro Fino tem certeza que o mecânico está envolvido no sequestro do gato. Ao analisar o bilhete com o pedido do resgate, ele viu que a folha de papel estava limpinha, sem marca nenhuma de sujeira ou graxa. No entanto, como o mecânico afirmou que recebeu o bilhete na hora em que estava desmontando um motor e o leu, deveria ter sujado de graxa o papel. Assim, como o bilhete estava limpo, ele só poderia estar mentindo por estar envolvido.

FICHA 33

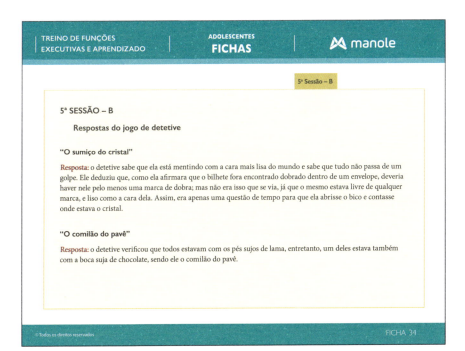

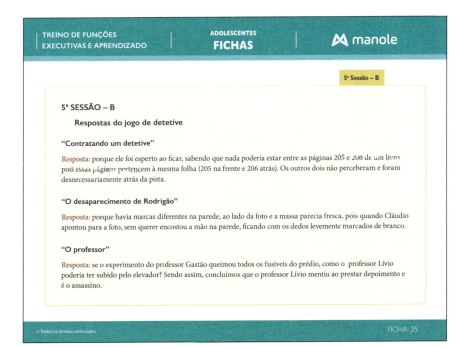

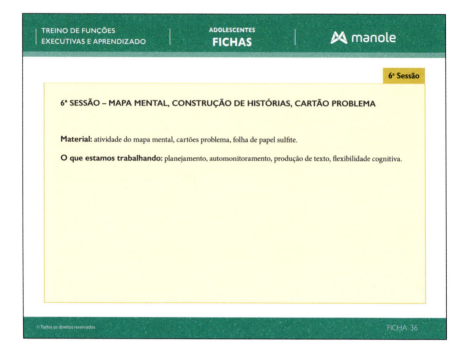

6ª SESSÃO – MAPA MENTAL, CONSTRUÇÃO DE HISTÓRIAS, CARTÃO PROBLEMA

Material: atividade do mapa mental, cartões problema, folha de papel sulfite.

O que estamos trabalhando: planejamento, automonitoramento, produção de texto, flexibilidade cognitiva.

FICHA 36

6ª SESSÃO – A

📋 **Instrução do mapa mental e construção de histórias**

Fase I

"Agora vamos fazer uma atividade diferente. Vocês vão ver um mapa mental já pronto, entretanto, deverão criar uma história com ele."

"Sabem o que é um mapa mental? Ok, vou explicar. O mapa mental serve para muitas coisas, mas principalmente para organizar nosso pensamento. Podemos utilizá-lo para organizar o nosso dia, uma viagem, um projeto. Podem usá-lo para organizar e memorizar um texto, para uma prova principalmente."

"Temos a ideia principal aqui no centro e depois as outras partes em seu entorno. Olhem só, como se fosse uma aranha ou uma árvore. Então, inventem uma história baseando-se nestas palavras, utilizando a palavra do meio com a ideia principal dessa história."

"Entenderam? Dúvidas?"

"Esclarecidas as dúvidas vamos começar a atividade. Criem a história de vocês. Após terminarem, troquem o mapa com o colega."

FICHA 37

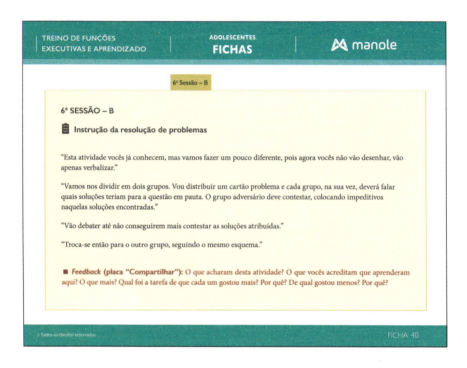

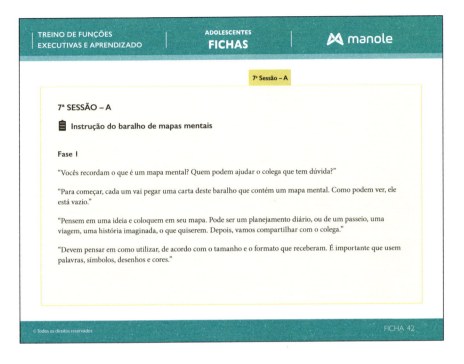

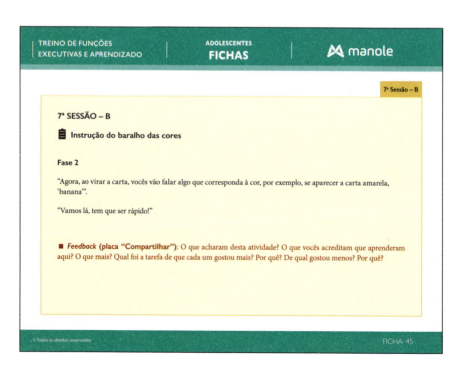

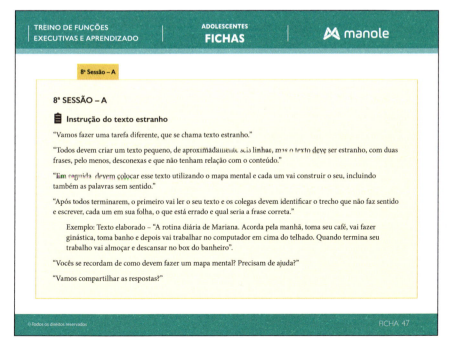

8ª SESSÃO – B

Instrução Você é o detetive

"Agora vocês vão ser os inventores! E os detetives! Começamos criando uma história na qual deve ocorrer um assassinato, roubo ou sequestro."

"Vocês recordam que fizemos uma atividade assim? Só que tinham que descobrir o que havia acontecido. Agora é diferente, pois vocês vão criar a história e as dicas."

"Para ajudá-los na construção, podem utilizar o mapa mental, se quiserem."

■ *Feedback* (placa "Compartilhar"): O que acharam desta atividade? O que vocês acreditam que aprenderam aqui? O que mais? Qual foi a tarefa de que cada um gostou mais? Por quê? De qual gostou menos? Por quê?

FICHA 48

9ª SESSÃO – DECIFRANDO UM ENIGMA, BARALHO DAS CORES ESCRITAS

Material: cartão do enigma, baralho das cores escritas, folha de papel sulfite.

O que estamos trabalhando: memória operacional, flexibilidade cognitiva, controle inibitório.

FICHA 49

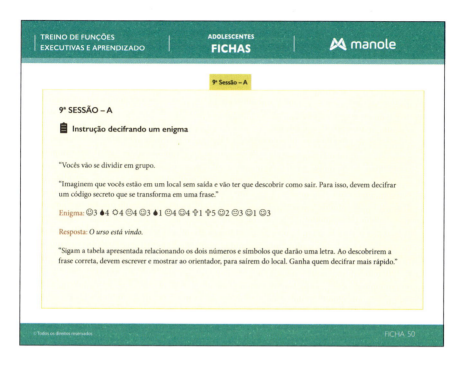

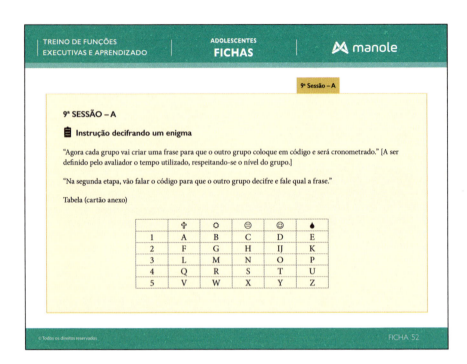

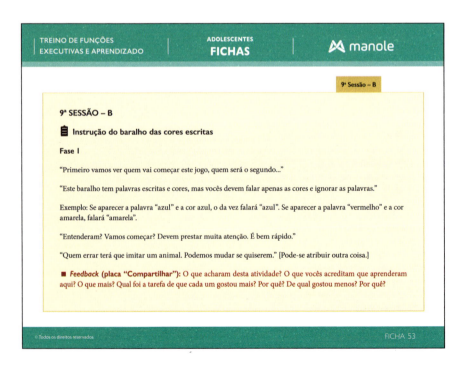

10ª SESSÃO – CRIAÇÃO DE UM CÓDIGO SECRETO, JOGO DAS LETRAS, DEFININDO UMA META E UM PLANEJAMENTO

Material: papel sulfite, baralho das letras, cronômetro.

O que estamos trabalhando: flexibilidade cognitiva, memória operacional, produção escrita, planejamento.

FICHA 54

10ª Sessão – A

10ª SESSÃO – A

Instrução da criação de um código secreto

"Vocês recordam da atividade anterior, em que precisaram decifrar um código secreto? Só que havia uma tabela de referência. Agora vocês vão criar o próprio código secreto de vocês. Vamos lá, vai ser divertido."

Depois, mostrem aos colegas como funciona o código que criaram."

"Agora vamos começar o jogo."

"Cada grupo deve criar a sua senha secreta. Após terminarem, mostrem ao grupo concorrente, que deve decifrá-lo utilizando a tabela de código criada." [Caso o grupo seja de quatro pessoas e tenham criado quatro tabelas de códigos, quando for dividido em dois, devem escolher apenas uma tabela cada grupo.]

"Para que fique justo, vamos criar uma frase que contenha entre 18 e 20 letras."

"Vamos usar o cronômetro?"

"Gostariam de inventar mais alguma regra para este jogo?"

FICHA 55

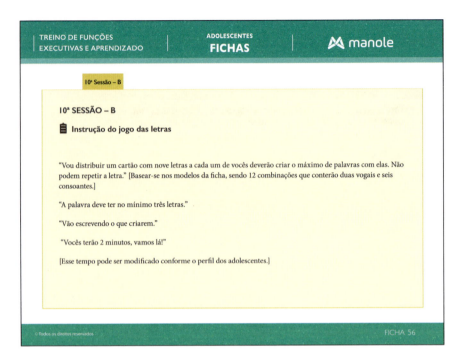

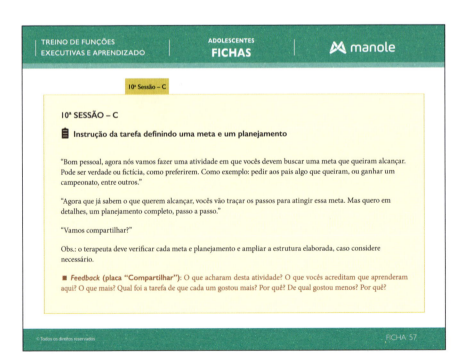

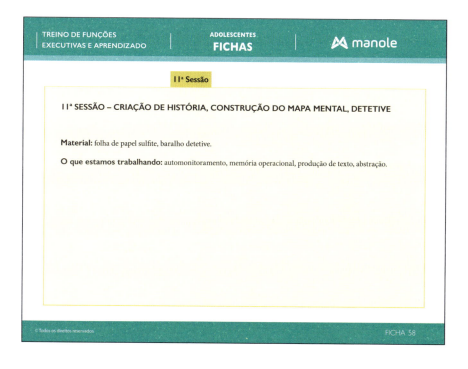

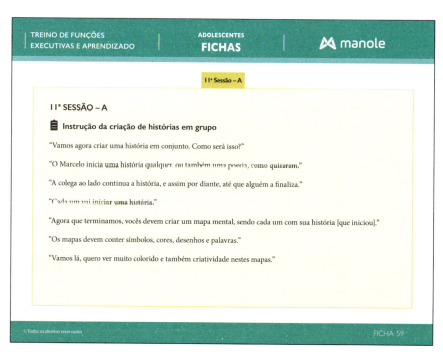

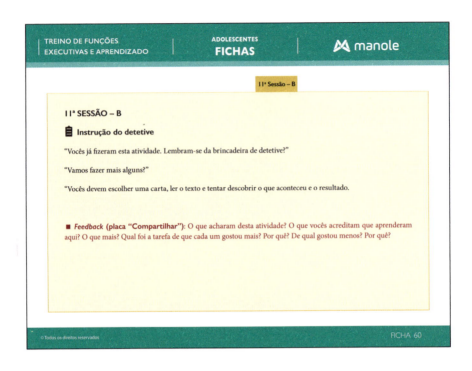

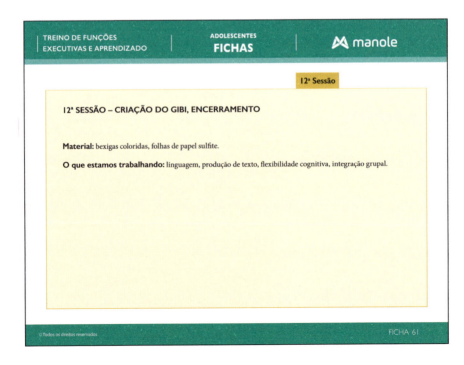

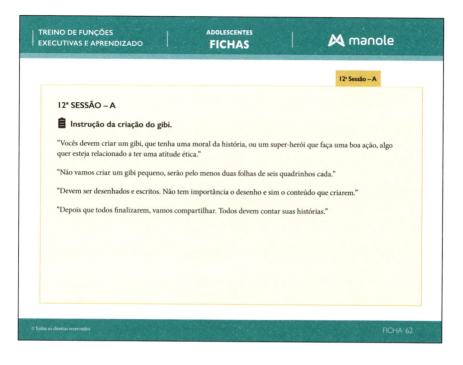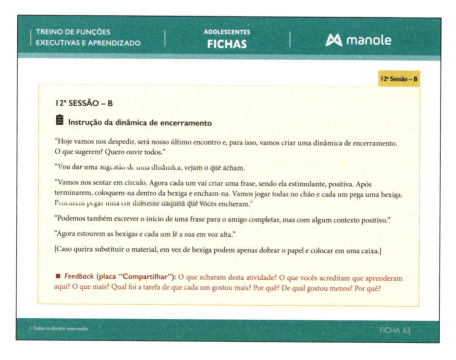

Série Psicologia e Neurociências

INTERVENÇÃO DE ADULTOS E IDOSOS

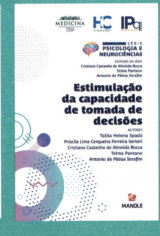

manole.com.br

manole.com.br

Série Psicologia e Neurociências

INTERVENÇÃO DE CRIANÇAS E ADOLESCENTES

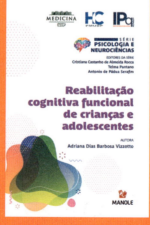

manole.com.br